做温暖的父母

理解孩子的心理语言

苑　媛　张志强◎著

北京师范大学出版集团
BEIJING NORMAL UNIVERSITY PUBLISHING GROUP
北京师范大学出版社

读懂孩子　成长自我

我们常常活在想象当中，脑海里充斥着太多的“想当然”。问生气的爸爸：“你为什么生气?”他很可能会说：“还不都是我儿子惹的我!”如果去问儿子：“你为什么惹爸爸生气?”儿子很可能梗着脖子说：“我哪惹他了，是他自己爱生气!”

心理咨询工作做得越久，就越有一种体会：伤害源于无知。我们每一个人都有心灵伤痛，或是敞开的伤口，或是结痂的疤痕，或是岁月的纹理……仔细回味，所有的伤痛，无不源自人性最深处的爱。起因是心理的，可以用心理行为来表达，也可以用象征性的身体语言来表达。

譬如：仇恨是失望的爱；胎儿早产是因为感觉“住不下去了”；便秘是情绪的压抑；腹泻是情绪的摆脱；呼吸困难由令人“窒息”的母亲所引发；胃部不适是因为有“消化不了”的人或事；皮肤生病是受到较大的情感困扰；哮喘是压抑的哭泣；乳腺癌是把别人看得比自己重要；神经性厌食症是在潜意识里拒绝妈妈的爱；等等。

如果我们愿意知道什么是健康的爱，并且努力地去实现它；如果我们敢于探索痛苦的根源，并且给它一个释放的机会；那么，我们一定可以避免许多不必要的代价!

临床实践工作不断验证着一个“真理”：孩子的问题在父母，父母的问题在童年。但是，很多时候，并非父母做错了什么，而是他们没有想到，他们不知道真正的后果是怎样的，甚至他们自己小时候也经历了爱的缺失。举个简单的例子，几乎所有的父母都明白应该帮助自己的孩子，可是有时会忽略一件事：帮助孩子时，也要给他面子，保护他的尊严，他才会发自内心地感激父母。否则，父母越帮他，他就越恨，因为父母的强大让他感觉自己是“无能的”“弱小的”。

因而，好父母不是天生的，是学来的。最需要学习的，就是努力成为让孩子感觉温暖的父母——温暖不仅是一种态度，更是一种心理品质！

清代有一位名医叫喻嘉言，他在著作《寓意草》的“序”里讲过，很多人都认为他高明的医术是从纸上得知的，也就是从书本里学到的，认为他博闻强记，治疗效果非常好，实际上并非如此。他说，真正的医生是在遇到病人时，能够静下心来，深入体会病人的痛苦。当医生达到这种状态的时候，就能找到解决问题的方法。否则，给病人吃多少药都很难见效或者除去病根。

如果将喻嘉言的这段话应用到亲子关系上，也未尝不可。倘若父母没有进入孩子的内心，只是简单地使用了一些所谓技巧或方法，孩子的问题仍然难以真正解决。

本书之所以命名为《做温暖的父母——理解孩子的心理语言》，是想与各位读者分享一些心灵养育的理念：

1．好父母并非与生俱来，需要像孩子一样去成长！

2．父母的态度远比具体的教育方法和技巧更为重要！

3．当父母发现教养方式不够妥当或出现偏差时，补偿孩子的最好方式不是道歉认错买礼物，而是更好地去照顾孩子！

4．父母给了自己成长的机会，也就给了孩子更爱父母的机会！

这本书看上去是写给父母的，其实，它适合所有的成年人来阅读。没有父母身份的人，尚未走入婚姻殿堂的人，没有踏上恋爱旅程的人，或者决定独自行走生命之路的人……可以从书里读到自己的心路历程，可以触碰到父母的内在体验，尝试着从心理学的视角来解读自己和父母，从而也就更容易读懂自己，理解父母，理解身边的许多人……因为懂得，所以慈悲！

人与人之间，亲子之间，了解越多，理解越多，融洽也就越多。父母们往往都是非常愿意去了解孩子的，希望能够与之融洽相处。只是苦于没有找到总是行之有效的途径和方法。心理学为我们带来了这种可能性——提升智慧与力量，建设亲密关系与亲子关系，感受真正的心灵“相遇”，从而创造家庭的和谐，重塑灵性的成长。

在这本书中，有些观点可能会挑战您以往的理念或思维，甚至会被您质疑，但我们仍然决定呈现给您。因为我们觉得，作为常年工作在一线的心理学者，有责任告诉大家真相。我们承认，一些观点来源于大量的临床实践，来源于心理咨询案例，来源于心理咨询师的自我成长经验，目前还无法用标准的科学实验去“证明”或“证伪”，然而，它们仍不失为一种“真相”。这恰恰是心理学的另一种魅力。

阅读本书时，若有某段文字或故事唤起您一丝的不快，或是引发了不愉快的回忆，希望并未削弱您继续读下去的热情。请把这些时刻视为成长的机会。

电影《剑雨》里面曾有一段如诗如画的经典台词。借此，将它摘录下来，作为我们与天下父母的共同心愿吧！

我愿化成一座石桥，
经受五百年的风吹，
五百年的日晒，
五百年的雨打，
只求他从桥上走过！

苑　媛　张志强

目录 CONTENTS

第一章 胎内环境

人们曾经一度认为婴儿是白纸，是后天的外在环境决定着婴儿的成长。但是，无数的事实与心理学的研究证明：婴儿从来都不是白纸。不仅婴儿不是，早在出生之前就已经不是了，因为——生命与心灵的启程是从受精卵或胚胎开始的！

受精卵或胚胎需要住在一个特殊的、粉色的房子——母亲的子宫里去发育和成长。这个发育成长环境尤为重要，它就是胎内环境。胎内环境是指母亲怀孕期间的生理状态和心理状态。子宫的温度、脐带的位置、血液、羊水的清洁与否、母亲的意愿、母亲的态度、母亲的情绪感受、母亲的语音语调、母亲的行动等，共同构成胎内环境。

胎内环境不是完全孤立的，不可避免地受到外在环境的影响，譬如：父亲的态度、家庭氛围、声音环境、色彩环境、气候或天气环境等。这些因素只是影响性的，并非决定性，最终会通过母体的过滤或转化而发生作用。换句话说，即使外在环境比较消极甚至恶劣，只要母亲的胎内环境够好，胎儿不会受到实质性的影响，仍然能够健康成长。

胎内环境犹如“真理”一般，奠定了胎儿生理发育和心理发展的基础。虽不至于决定人的一生，却能影响人的一生。

一、子宫接纳与期待

在现实生活中，并非每一位母亲都是发自内心地想要成为妈妈，或者说，并非每一个孩子都是在母亲的真诚接纳中来到这个世界上的。

这里所说的“想”或“接纳”，不是指理性层面，而是指内心深处的态度，特别是潜意识中的态度，它带有情感色彩。一位身体健康的成年女性，如果在内心深处做好了想要当妈妈的准备，不出意外的话，她会比较容易受孕。可是，当她理性上非常想要孩子，而心理上并未做好准备，甚至在潜意识里并不想和“这个男人”有孩子的时候，受孕就会变得莫名其妙地困难，或者，受孕比较顺利，却在怀孕期间发生“意外”，诸如：先兆性流产、胎停育等。

我们身边还会出现另外一类事情：某些女性的身体并不十分健康，却能顺利受孕和生产。甚至有勇敢的孕妇带着子宫肌瘤去孕育自己的孩子，医生反复提醒她，随着胎儿在腹内的成长，子宫肌瘤也会长大，即使通过一些医学手段能够对肿瘤有所控制，临床上也确实有许多成功产子、同时切除肿瘤的案例，但风险总是存在的。这终归是一件很危险的事情。可是，仍然有许多这样的妈妈生下了健康的宝宝。

医学发达与医护人员的恪尽职守自然功不可没，究其深层的个体原因，恐怕我们很难否认母亲心理状态的强劲支撑。

成年女性是否接纳自己成为母亲，是否接纳一个新生命的到来，不仅影响着自己能否顺利受孕以及围产期的基本状态，还深刻影响着胎儿的发育和成长。

胎儿住在母亲的子宫里，完全依靠母亲提供营养。物质营养来自母亲的生理状态，精神营养来自母亲的心理状态。任何一个方面的营养缺失或匮乏，都会给胎儿带来缺失感或匮乏感。如果只是由于身体条件带来的营养不足，母亲其实很喜欢、很接纳胎儿，那么，胎儿能够通过脐带流经自己身体的血液感受到母亲的接纳和喜欢，顶多是先天生理营养有些不足，并不会影响出生之后的母子关系。

如果母亲不接纳或者不喜欢胎儿，就会下意识地不愿意为胎儿付出那么多，而下意识的心理状态会影响其情绪，致使情绪变得消极，消极情绪又会影响到母亲的身体状况。所以，即使母亲的身体条件原本很好，却可能由于“不肯”付出而导致胎儿营养不足。这种情形会在孩子出生之后逐渐演变成母子关系问题。例如：母亲产后奶水不足或没有奶水；新生儿在某个阶段突然不喜欢吃妈妈的奶，甚至一吃就哭；婴儿频繁哭闹，致使妈妈无法安睡；对妈妈缺少亲近感和信任感；等等。

诚然，上述列举都来自心理咨询的临床经验以及心理咨询师的自我成长体验。请各位读者不要将其简单地反推！

例如，您遇到一个产后奶水不足的妈妈，就轻易断定人家不是真心地想要孩子，甚至得意地说出来。这么做无疑是“野蛮分析”，更是残酷的伤害。我们在书中呈现这样的分析，只是想让大家深入理解胎内环境的重要性，学会从更深的层面去理解母子关系，从而加以预防和改善。

除了子宫接纳之外，还有一件事值得注意：一旦怀孕，父母最好不要对胎儿有性别期待，尤其是母亲。

很多孕妇在怀孕期间对腹内胎儿是有期待的。我们姑且称之为“子宫期待”。这份期待同样会影响胎儿的发育和成长，甚至影响一生。

在临床上，心理咨询师们常常遇到这样的案例：有些女性非常优秀，要么兢兢业业，要么内外兼顾，堪称成功人士，骨子里却是自卑的。通过心理分析发现，她们不喜欢自己的性别，一生的努力似乎都在证明：“虽然我是女人，但我很棒！我一点儿都不比男人差！”她们到底在向谁证明呢？追根溯源，竟然无一例外地指向了亲生父母。她们的早年体验透露出惊人的相似：母亲怀孕时其实很想要男孩儿，出生后一看是女孩儿，很失望，有时还会在言语表情之间流露出来：“你要是个男孩儿就好了。”“我怀孕的时候，老人们都说是个男孩儿啊……”

有些父母在给孩子取名时直接表达了这种期待，譬如：“亚男”“晟男”“胜男”“如男”“依男”“连娣”“招娣”“引娣”（或谐音为“银娣”）……还有些父母索性给女儿起了男性化的名字，例如：“建国”“国强”“海峰”“志伟”……殊不知，名字本身就是一种心理暗示。当事人认同这种暗示时，就会努力地去实现名字所传达的深层意义——必须成功！必须证明自己！绝不示弱！不能让父母失望……

母亲对于胎儿的性别期待，可以像播种一样，给那些注定是女儿身的胎儿心里种下自卑的种子。虽然这颗自卑的种子有可能成为一种潜意识的动力，促动孩子性格刚毅、行为乖巧、学习优秀、工作努力、佳绩不断……然而，她们内心深处的痛苦，谁人知晓？如果不是接触了心理学，接触了心理分析师，她们可能永远也不明白为什么无论自己多么努力奋进，而始终找不到成就感和满足感；也不明白为什么如此成功的自己，心底却有自卑感；更不明白为什么面对优秀男士的追求时，竟然觉得自己“配不上”对方；当然也就无从知道，为什么自己在怀孕期间异常焦虑，说不清自己在担心什么……

二、胎儿期的心理体验

胎儿通过脐带和子宫环境感受到母亲的喜、怒、哀、惧，这已成为不争的事实。

母亲的情绪状态不同，血液中各种激素的水平会随之发生变化，流经胎儿的血液把这些信息传递给胎儿，于是，胎儿感受到母亲的感受。因此，所谓“共生”不仅指母子共体，还指相互感受着彼此。

发展心理学研究发现，这种共生状态从胎内一直延续到出生后4个月。难怪母亲们常常反映，明明自己已经睡着了，却能突然感应到睡在婴儿床上的孩子，知道他是饿了、尿了、醒了，还是不舒服了，等等。

母亲安乐祥和，在心态上接纳胎儿，愿意付出爱，胎内环境便是舒适的，胎儿由此感受到安乐祥和，会“安静地”“快乐地”

发育生长，即使在子宫里伸胳膊踢腿，母亲也不会感觉不舒服。

如果母亲经常抑郁，内心充满无助感，胎儿感受到母亲的抑郁、无助，他会受此影响，可能放慢生长速度，可能出生后很爱哭，也可能长大后比较敏感。

如果母亲在怀孕期间总生气，时常跟家里人吵架、摔东西，羊水就会晃动得比较激烈，变得不够清洁，胎儿便感觉不舒服，非常有限的听觉让他听到外面有一种模模糊糊的、很难听的声音。长大以后还可能经常被这类“噩梦”吓醒：梦见自己独自待在一个黑乎乎的房子里，外面不断传来鬼的可怕叫声。或是梦见地动山摇，自己无处可逃。这些可怕的画面与早期的胎内感受极为相似，或者说，这些相似的情境描绘并传达着他们的胎内感受：摇晃的、刺耳的、混浊的、难受的、不安全的。每当电影、电视出现类似的画面时，哪怕只是新闻报道，他们也会格外敏感，内心恐惧。只因“触景生情”——相似的情境触发相似的感受。

胎儿期的心理体验是一种情绪上的感受。当然，胎儿并不知道这些感受叫什么，大脑也没有发育到可以用语言或者形象去描述的程度，但是，这种模糊的情绪记忆却清晰地留存在大脑里。如果不接受深度的心理咨询，这种内隐记忆将伴随一生。

因而，他们需要通过潜意识的语言——梦——来不断地释放早期感受，以确保自己清醒时平安度日。随着大脑的发育，他们可以将这些感受转化成画面和意象。随着大脑的成熟，又可以将这些信息用语言或某种符号描述出来，或说、或写、或画……至此，心理学家依据他们所描述的画面和意象的象征意义，解读出深藏其中的情绪感受，然后，陪伴和引导他们带着自知去释放这些压抑多年的消极感受，并运用科学的方法将这些消极能量转化为积极的生命能量。这是一个针对早期感受进行还原、释放并转化的过程。这个过程既具有心理咨询意义，又具有心灵成长意义。

胎儿期的心理体验不仅是一种情绪上的感受，还能够引发胎儿最早期的“选择”。

也许您会质疑，一个尚未出生的孩子，甚至未成人形的胎儿，怎么可能有什么“选择”？是的，到目前为止，我们无法用标准的科学实验向大家证明胎儿也有自由意志，胎儿可以进行某种选择。然而，太多的临床案例和咨询师的深度体验不断地显现出来：这件事确实存在。作为一线的心理学工作者，我们也愿意相信这一点。

胎儿期的心理体验致使胎儿做出的最原初、最重要的一个选择是——“是否活下来”。

当母亲真诚地接纳怀孕这件事、营造出健康温馨的胎内环境时，胎儿一般都会选择“活下来”。当母亲的生理条件不够健康、但真心想要孩子时，如果意愿足够强烈，很多胎儿都会遵循母亲的意愿而选择“活下来”。当然，不排除通过医学保胎而挽留住胎儿的情况。

倘若母亲不喜欢怀孕、不接纳孩子的到来，有的胎儿会顺从地选择“离去”，出现流产的征兆。而有的胎儿仿佛更有个性，更有生存的欲望，他们愿意忍受痛苦，坚强地“活下来”，致使故事的结局发生变化：第一种情况，任凭母亲千方百计地折腾，又蹦又跳，用手猛捶自己的肚子，抽烟喝酒熬夜，却都没有“赶走”孩子——孩子留住了自己的命；第二种情况，母亲原本准备实施流产手术，甚至已经来到医院，突然感应到孩子不想走，便下定决心生下这个孩子——孩子迫使母亲保住了自己的命。

以上两种情况活下来的孩子，在后天的性格发展中，往往呈现不同的特点：前者与母亲的关系容易两极化，要么非常顺从、讨好母亲，仿佛害怕母亲再想出什么狠招赶走自己，要么非常折腾母亲，处处跟母亲对着干，好似在“报复”母亲；后者则十分感恩或坚韧，并且能够促使母亲变得越来越坚强和独立。

在这里，我们还是要提醒各位读者，请勿简单地反推！

请不要武断地认为，凡是流产，必定是母亲不喜欢怀孕、不想要这个孩子，更不要批评她们。因为即使如此，她们也是由于心里有自己的“苦”，甚至她们自己都不知道“苦”从何来。

胎儿期的心理体验不但引发胎儿做出是否“活下来”的抉择，还影响胎儿的生存策略、早期的人生态度、基本的人格特质等。

以母亲的性别期待为例。著名心理学家朱建军教授提出，当母亲期待生男孩儿，胎儿却逐渐发育成女孩儿时，胎儿通常有如下选择，这些早期的人生态度会对出生后的人格发展产生比较大的影响。假设用语言来表述，可以是：

（1）“你不喜欢女孩儿，我偏要做一个女孩儿。”

（2）“你不喜欢女孩儿，我就做一个像男孩儿一样的女孩儿。”

（3）“你不喜欢女孩儿，我就证明女孩儿才是更好的。”

（4）“你不喜欢女孩儿，但我会对你好，让你感动。”

三、母亲与胎儿的互动

我们在胎儿时期绝非只是长身体，还有重要的互动过程——母亲与胎儿之间的相互影响和作用。

胎儿生活在母亲的体内，无时无刻不在感受着母亲的生理状态和心理活动，一方面获得生理营养；另一方面，被动地记录着母亲的情绪感受，由此做出自己的选择。这些使得胎儿产生细微反应，母亲又感受到胎儿的感受。母子双方相互感受，而且非常精细，形成一个感受循环。

这种互动既影响胎儿，也影响母亲。母亲怀孕后，某些饮食喜好、生活习性、性格特点、脾气性情等会莫名地发生变化。例如，怀孕前不喜欢吃辣的食品，怀孕后特别想吃辣的；怀孕前喜欢熬夜，怀孕后喜欢早睡；怀孕前喜欢听摇滚音乐，怀孕后一听到这种音乐就感觉烦躁，会立即离开或主动播放舒缓的轻音乐；怀孕前情绪容易波动，怀孕后变得文静了许多……这些变化很可能源自胎儿的感受。孕妇偶尔吃了一次辣的东西，胎儿感觉是舒服的，母亲感受到了这种感受，就认为是自己想吃辣的；胎儿在摇滚音乐中不舒服，母亲感觉到了这种不舒服，会觉得是自己不舒服……

从这个过程来看，孕妇除了注意营养均衡、保持健康体魄、充分休息和适度活动之外，应该尽可能让自己和周围人相处愉快，尊重胎儿（同时也是自己的身体）的感受，多接受正能量，多传递正能量。

能够改变胎儿的身体结构或形态的那些物质，最具破坏性的时期是在胚种阶段（受孕后的头两周）和胚胎阶段（2～8周）。因为这两个阶段是器官和系统（如神经系统和内分泌系统）开始形成的阶段。

为了让所有的妈妈都能意识到自己的孕期心情是多么重要，我们在这里跟大家分享一个案例。

案例

某年轻妈妈身材高大，体质健康。她怀孕期间，丈夫攻读博士，整天待在实验室里，无法悉心照顾她。性格好强的她照常上班，常常独自去超市购物、洗衣做饭、打理家务。周围人提醒她：“你别老拎那么多东西，多沉呀！小心孩子！”她笑笑说：“没事，我身体好。”有朋友关心她：“你怀孕了，还什么事都自己干，你老公也不帮帮你，你不觉得委屈吗?”她摇摇头：“不委屈。”

怀孕30周，儿子早产，体重不足5斤，先天性哮喘。自此，这对父母整天带孩子去医院看病……

案例分析

无论是拥有上千年历史的中医，还是专门研究心因性疾病的健康心理学，都告诉我们，消极情绪会伤害身体健康。其中，最伤害呼吸系统的消极情绪是悲伤。这位妈妈的心里明明有悲伤，有委屈，可是她跟谁都不说，也没有用其他的方式去表达，导致悲伤情绪被压抑。被压抑的悲伤改变了妈妈血液中的激素水平，并通过脐带和血液输送给孩子，孩子感觉到了。怀孕期间，妈妈持续地悲伤，孩子持续地感觉，致使发育受到影响，呼吸系统受损。这样的胎内生活让孩子感觉越来越不舒服，“住不下去了”，妈妈感觉到了孩子的感觉，也很不舒服。这个互动过程仿佛让母子俩共同做了个决定，“不舒服，就别住了”，于是早产。

原本应该是由妈妈哭出来的悲伤，现在变成孩子“替她哭”——哮喘。

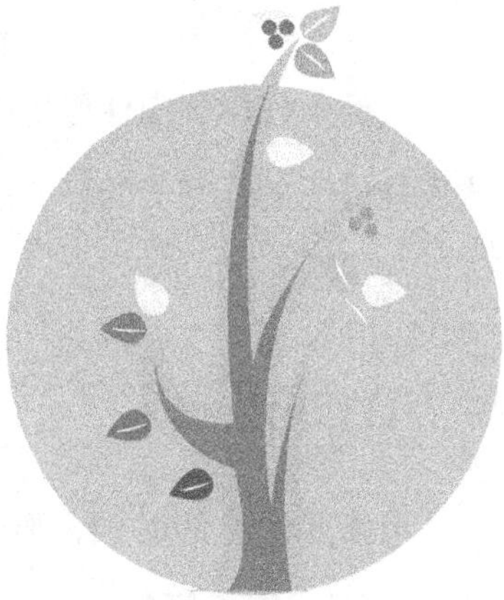

第二章 出生

从母亲怀孕到肉体诞生的9个月里，我们的生命几乎是在一个人所能经历的最完美的环境中成长。这是一种共生亲昵状态。

一、肉体出生

当婴儿诞生的时候，离开了熟悉的胎内环境，被暴露在光天化日之下，毫无疑问，这是一种“灾难”。外面的世界寒冷、嘈杂、明亮、陌生、孤独、分离……在短短的时间里，婴儿被动地处于一种分离、隔绝、毫无联结的状态，这是异常恐怖的。

出生恐惧是我们每个人都无法逃脱的一次精神创伤，心理动力学称之为“出生创伤”。美国著名的精神病专家、心理分析家和心理治疗家斯坦尼斯拉夫·格罗夫（Stanislav Grof）在《非常态心理学——现代意识研究的启迪》一书中，这样评价“潜意识的围产期（perinatal）水平”：“出生过程所经历的创伤是我们生命中最深刻与最有影响的，它点点滴滴都记录在我们的记忆中，达到细胞水平（cellular level），并对我们的心理发展产生了深远的影响。”

这里，需要做个简要说明：“围产期”一词在医学上经常使用，是指即将出生前、出生中和刚出生后的各种生理过程。例如，产科医生会谈论围产期出血、围产期感染等。传统医学否认婴儿在出生时是有意识的，并认为出生过程不会留下记忆，所以，在医学界不使用“围产期经验”之类的说法。但是，心理学的研究却证明，事实并非如此。1975年，斯坦尼斯拉夫·格罗夫最早将

“围产期”与意识、潜意识联系起来使用。

现在，我们再回到出生这个话题。肉体出生在某种程度上破坏了我们的安全感，造成安全感的某种缺失。仅从这个意义而言，顺产出生的婴儿，要比剖腹产出生的婴儿先天具有更好的安全感。因为顺产的婴儿在完全脱离母体之前，经过了产道这一重要的过渡，出生的恐惧感有机会释放掉一部分，安全感的缺失也会降低许多。

这就提醒各位准妈妈们，只要您的身体条件适当，尽量采用顺产的方式生下宝宝。

诚然，这并不是说，剖腹产的孩子注定这辈子会有安全感的问题。毕竟，安全感是一种主观感受，是一种内心体验，先天因素与后天因素都会发生作用。倘若孩子在出生之后的成长过程中，特别是3岁以前的早年生活中，得到足够的照顾、关心、喜爱与接纳，他们依然可以拥有很好的安全感。

二、心理出生

大多数婴儿在肉体诞生之后，很快就会遇到“救星”，会有某个人把他抱起来，用温暖的襁褓裹好身体，使婴儿有所依托，并开始接受舒适的抚爱。充满爱意的触摸与抚摸带来了婴儿的“心理出生”（Psychological Birth）。这种抚慰使得婴儿再度恢复了亲密感，也就有了“活下去”的愿望。

可见，从肉体出生到心理出生，期间有一个隔离期。从心灵发育的角度来讲，这个隔离期越短越好。

无论是心理咨询师和心理治疗师进行自我成长，还是来访者接受心理咨询或心理治疗，很多时候都需要在专业的引导下进行深度的心理体验。

在进行深度的心理体验时，往往需要再次体验出生过程，它会真实地呈现所有的细节及其感受。即便您对自己的实际出生过程没有任何的了解，也完全不懂得基本的产科知识，在心理咨询师或心理治疗师的引导下，您也可以经历这种体验。如果能够找到完整的出生记录，或者可以信赖的见证人，就能够证实所有这些细节。

例如，我们可以直接经验到自己在出生时的胎位不正，出生过程中医生使用了产钳或镊子，脐带绕住了脖子。同时，我们能够真切地感觉到自己在出生过程中的害怕、焦急、愤怒、生理痛苦以及窒息感，甚至可以精确地意识到自己在出生时被使用了麻药。

在这个过程中，往往伴随着相应的动作和表情，常见的有躯干、胳膊和腿的各种姿势和动作，还有头部的偏转、身体的弯曲和旋转，这些都生动地表达了特定的出生过程。当体验者再次体验这个过程时，曾经被镊子接触过的皮肤、曾经被脐带缠绕的脖颈，竟然会出现擦伤、肿胀以及血管和肌肉的细微变化，这实在是太令人惊讶了！

这些来自心理咨询室的现象，真实地告诉我们：婴儿对出生有记忆；出生创伤不仅有记忆，而且一直深入到了细胞水平！

案例

我曾经接待过一个10岁的小男孩儿。他从上小学起就下意识地抽动鼻子，同时伴随皱眉、挤眼和撇嘴的动作。父母带他去医院检查，医生说他的鼻子很健康，没有任何问题。他在神经内科门诊被诊断为儿童面部抽搐症。吃药无效。后来在朋友的建议下，前来做心理咨询。

孩子说，他总感觉鼻子里面有东西。我引导他闭上眼睛、深度放松，在想象中体验自己的鼻子……孩子在想象中看到，鼻子里面有小球形状的淤血块儿，好像是被镊子之类的金属弄伤的。

我运用意象对话疗法帮助孩子进行了处理，他当时感觉鼻子好多了。

咨询结束后，在他妈妈那里得到证实，这个孩子出生时，医生为防止胎儿窒息，使用了镊子。应该就是在那个时候，镊子不小心碰到了胎儿的鼻子内壁，从而留下一个不舒服的感觉，这个不舒服的感觉便一直潜伏在孩子的鼻子里。

某一天，某个相似的刺激或情境激发了这个感觉记忆，也可以说是唤醒了感觉记忆，它就浮出水面变成了真真切切的生理感受。虽然孩子不舒服，却为这个隐藏多年的问题，提供了解决的机会。

本次咨询一周之后，妈妈很开心地打来电话，说儿子再也没有出现过下意识抽动鼻子的现象。

案例分析

重新体验创伤性的出生过程是痛苦的，但是，它确实具有心理咨询意义和心灵成长意义。它之所以产生疗伤效果，而不是让当事人再次受伤，原因在于，心理咨询师依靠的不是创伤情境的重复体验或回忆本身，而是在此基础之上，对于当事人的身体反应和情绪反应进行适当的处理，从而让当事人接受一次完整的、自知的、充分释放消极感受的经验。这个过程是一个内心转化的过程。

除了出生过程本身对于婴儿有影响之外，反复的身体接触与抚爱，对于婴儿的生存也是极为重要的。

有了反复的身体接触与抚爱，“活下去”的愿望愈加坚实、持续；没有它，婴儿会夭折，即使躯体没死，心灵也会死去。这就是为什么在弃婴养育室里，弃婴最常见的死因是“衰弱症”。他们缺乏的不是氧气和食物，而是精神营养。当一个柔弱的生命被剥夺了早期的抚爱，他必死无疑。

关于身体抚爱的重要性，我们会在下一章深入探讨。

婴儿出生后迅速出现母婴依恋。这种依恋不仅对父母与孩子之间的关系具有持久的影响力，对于孩子未来的发展（例如人格的发展），也将产生重要影响。早期的母婴接触，以及分娩时的激素变化，会激发女性特有的先天母性行为。但是，这并不意味着，那些由于条件所限（比如生病）而无法在孩子一生下来就接触他们的父母，注定无法建立亲子关系，或是孩子将来注定会出什么问题。只不过，建立依恋关系的时间要稍微长一些。

那么，您认为是什么决定了母婴之间的依恋呢？是哺乳，还是其他？我们来回顾一个著名的心理学实验。

心理学家哈里·哈洛（Harry Harlow）把一些刚刚出生的印度小恒河猴跟母亲分开，进行人工喂养。他给小恒河猴提供两个“替代母亲”：一个是铁丝编织的，胸部绑着一瓶牛奶；另一个也是铁丝编织的，外面裹上一层柔软的毛巾，但是身上没有奶瓶。观察中发现，小猴们更喜欢依偎在“柔软的妈妈”身上，喜欢“舒适接触”，只有饥饿时才将上半身探到旁边的“金属妈妈”那里去喝奶。当他们不饿的时候，受到刺激感到害怕的时候，都会主动拥抱“柔软的妈妈”。

该项实验表明，婴儿对于母亲的依恋感并非来自吃奶，并非来自生理需要，而是来自精神层面的舒适感，譬如：温暖、安全、踏实等。

原来，小猴子也需要“温暖的”妈妈！

进一步说，婴儿似乎与生俱来就倾向于依恋母亲，同生理需求是否得到满足不是必然相关的。婴儿对于母亲的爱，也不仅仅是为了得到某物，而是具有更加丰富的内涵。

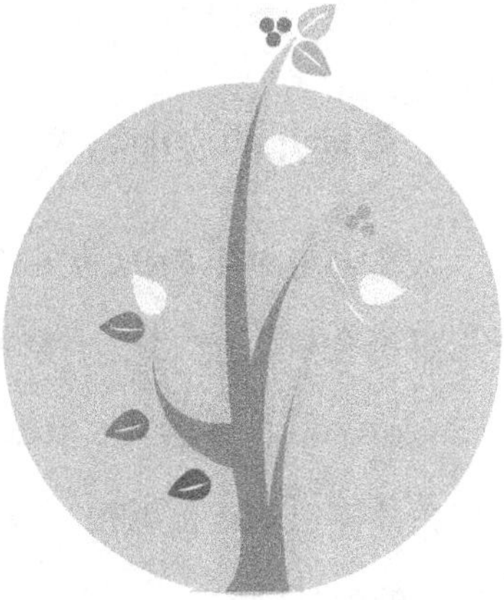

第三章 婴幼儿时期

一、婴幼儿的心理需求

婴幼儿对本能的满足感和安全感，具有强烈的基本需要。儿科医生和儿童心理学家称之为“情感依附”（来自于希腊语“anaklinein”，意思是“依靠”）。这些需要构成了婴幼儿的心理需求，具体包括：被拥抱、被爱抚、被安慰、与人玩耍、成为人们关注的中心。

如果这些心理需求没有被满足，例如，婴幼儿经历了情感被剥夺、被放弃或者被忽视，情感依附就会受到不同程度的挫伤。对于婴儿来说，如果严重缺失所需要的爱，有可能直接导致生命的丧失。

19世纪，一半以上的婴儿长到1岁左右时，陆续死于“衰弱症”。在20世纪的最后20年，美国各地的弃婴收容所中未满1岁婴儿的死亡率竟然接近100%。直到第二次世界大战结束后，“衰弱症”才得以真正被关注。研究发现，一个婴儿要想健全地发育和成长，他需要被抚摸、扶持、背负、拥抱和轻声细语的说话——哪怕他连吮吸母亲乳汁的机会都没有。

20世纪末期，一些儿科医生意识到了这一点，他们将“扮演母亲”的方法引入婴幼儿监护工作。结果，未满1岁婴儿的死亡率从之前的30%～35%降至10%以下。

母亲的爱如此重要。可是，从20世纪60年代开始，一系列依恋研究都证明，婴儿最爱的人并不特定地指向母亲或者父亲，有时还会指向其他照料者。谁对他们的需要最敏感，并且能够及时地给予满足，他们就最爱谁。也就是说，照料的品质最重要！

案例

我曾经通过电话帮助过一位产后抑郁的妈妈。

她说，从生完孩子以后，整夜整夜地睡不好觉，使她身心疲惫，慢慢地，就变得有些抑郁了。现在，宝宝4个月了。不知为什么，最近一段时间，宝宝一吃奶就哭。她带宝宝去儿童医院检查，医生说，孩子除了有点儿营养不良之外，其他方面都很健康，并且提醒她，要增加耐心，好好调养自己，孩子营养不良是因为已经半个月没有好好吃奶了。

我当时凭着直觉提出一个建议：让她把奶水挤出来，自己尝一尝味道，同时拿给家里的其他人也尝一下（家里还有她的婆婆和保姆）。几分钟后，她非常吃惊地告诉我："天哪！我的奶水是苦的！"

我和她一样，在那一刻都突然明白了，宝宝为什么一吃奶就哭。可是，妈妈抑郁，跟奶水变苦之间有什么关系呢？

案例分析

这位妈妈之所以抑郁，是因为产子之后心里积压了很多委屈和难过。她感觉家人的关注重心都转移到了宝宝身上，远不如怀孕期间备受呵护和重视；婆婆在生活起居方面尽心尽力地照顾自己，但在育儿观念、生活习惯和卫生习惯方面有许多差异，她不好意思说，怕引起误会和争执；老公很忙很累，她心疼老公，也不想多说什么；自己的双亲都不在身边，不忍心跟他们说不开心的事……

对于她来说，所有这些都是“苦”，而且是说不出口的“苦”。这种低落的心情没有通过健康的途径进行释放，便会积压在体内，引起内分泌系统的相应变化。

我们知道，乳汁的分泌需要脑垂体前叶分泌细胞产生的催乳素的作用，而乳汁的排出则有赖于脑垂体后叶神经分泌细胞产生的催产素的作用。并且，在乳汁分泌的过程中，还有雌激素、生长激素、甲状腺素、肾上腺皮质激素、胰岛素等许多激素的共同参与。

当乳母情绪低落时，这些激素的水平会发生变化，从而导致乳汁的分泌量减少，最重要的是影响乳汁分泌的质量。因而，与其说这位妈妈给宝宝喂的是奶水，不如说是苦涩的泪水。

唐代医学家孙思邈在《备急千金要方》中指出：“凡乳母者，其血气为乳汁也。五情善恶，悉血气所生。其乳儿者，皆须性情和善。”通俗地说，乳母的乳汁是由其血气转化而成的。乳母如果阴阳不平衡，气血运行不正常，分泌的乳汁就会受到影响，直接影响到新生儿的健康成长。祖辈们早就发现了这个规律，所以，旧社会有钱人家请乳母，除了要求身体健康外，一定要挑性情善良温和的。

效果反馈

让人欣喜的是，这位聪慧的妈妈不仅在电话里哭出了内心的“苦”，而且积极配合，运用心理分析的方法探索到自己抑郁的根源（其实与生宝宝无关）。两天之后，她的宝宝开始正常吃奶了。

向这位真诚而温暖的好妈妈致敬!

从第一章的“胎内环境”，讲到这一章的“婴幼儿时期”，大家可能会产生一种感受：养个孩子太不容易了！稍不注意就会出现问题。是的，稍不注意，就可能滋生问题。但是，我们要知道，无论多么了不起的心理学家也不可能养育出完美的宝宝。

问题的关键，不在于我们如何去杜绝问题的出现，而是我们要放弃培养完美宝宝的想法！学会如何避免不必要的伤害，如何尽量减少伤害，如何识别不健康的教养方式，如何有效地加以修正，如何将健康的爱传递给孩子。

二、身体接触与存在感

当胎儿脱离母体，剪断脐带，胎儿成为出生的婴儿，婴儿的身体成为完全独立的存在。这个时候的身体只是身体，并没有跟心理上的感觉建立起联结，从而形成非常原初、非常重要的“存在感”。只有通过与别人的接触，才能感觉到“存在感”，也才有机会知道这个世界上“有别人”，于是体会到“现实感”。是否能够真切地感受到“存在感”，意味着是否能够真切地感受到“现实感”，这将影响人的一生。

精神病学通过大量的案例及临床经验发现，婴儿时期很少被拥抱、被爱抚、被安慰，长大之后更易患精神分裂症。因为他们缺乏身体的存在感——心理层面的身体的存在感，继而缺乏现实感，未能建立起与世界的联结，所以，在他们的心理世界中，“没别人”。

这就是为什么当我们面对一个精神病患者，特别是重症精神病患者时，我们会感觉他们像“游魂”，只活在自己的精神世界里。

虽然对婴儿多拥抱、多爱抚如此重要，但是，应该有边界！

比如，6个月左右的时候，发育正常的婴儿会认生，不喜欢被陌生人抱或触摸。这是我们人类本能的界限，不要去破坏它。我们应充分尊重婴儿的心理需求——以自己的身体为界限，更清晰地成长内心的“自我”。

尤其需要父母注意的是，由于婴儿的性别不同，随着年龄的长大，抚摸的部位要逐渐有界限，增强宝宝的隐私感和自我保护意识。特别是抚摸者的心态，直接影响着婴儿的身心健康——越是温柔、接纳、爱护，越有利于健康；越是支持性的爱抚，越有利于婴儿的成长。

在现实生活中，我们会看到，婴儿时期经常被抱、被人爱抚，长大以后触摸别人时就会感到自然、舒服。反之，长大以后无论是触摸别人，还是被别人哪怕是充满善意、爱意的拥抱或触摸，心里也会感觉不自然、不舒服。

研究发现，无论男女，那些对触摸别人感到舒服的人，更加快乐，更少顺从，更少怀疑别人的动机。而那些对触摸别人感到不舒服的人，往往有更低的自尊，通常有更多的社会退缩。

剥夺触摸的后果是非常严重的，不仅影响存在感、安全感以及幸福感，还会影响我们的身体健康。

最关键的触摸需要开始于出生。对母亲触摸的需要，无论是对人类，还是对动物，都是如此重要—满足则茁壮成长，缺失则严重受损。

美国迈阿密大学的心理学家蒂法尼·菲尔德（Tiffany Field），提出了这个问题。她随机选取了20个早产婴儿，护士每天给这些婴儿做45分钟的按摩，同时，另外的20个早产婴儿接受日常住院治疗而没有按摩。在其他所有方面，这40个婴儿受到的照顾是完全相同的。

10天后，每天接受按摩的宝宝在出院前比那些没有接受按摩的宝宝重47%，他们更活泼、更警觉。8个月后，这些婴儿仍表现出体重的优势，并且表现出更好的认知发展与动作发展。

因此，婴幼儿时期的身体触摸，特别是母亲的爱抚，对于维持宝宝的正常发育和成长是绝对必要的！

再跟大家分享一个压力性侏儒症患者的真实故事。

压力性侏儒症曾经折磨詹姆斯·巴瑞尔（James Barrie），《小飞侠》的作者。詹姆斯唯一的兄弟是他母亲最爱的儿子，当这个兄弟悲惨死亡后，他母亲晕倒在床上，一躺就是整整两年。每当母亲看到来跟她交谈的詹姆斯，她都会说："哦，孩子，是你啊！詹姆斯，我还以为是道格拉斯回来了。"詹姆斯终于长大了，但是他非常矮。他用一生来写作，代表作就是《小飞侠》。他所有的作品都有相似的主题：一个很小的人遇到了麻烦，历经波折，最终转危为安。

当詹姆斯·巴瑞尔去世后，人们发现他的睾丸未成熟。也就是说，他的睾丸从未下沉。他的矮小身材很可能与长期积累的压力感有关。

如今，这种压力性侏儒症及其伴随的性功能缺乏，仅在极端的情况下出现。但是，这种病症的存在仍然提醒我们：母亲的关爱是多么重要！

三、分离焦虑

在6个月以前，婴儿的接纳度似乎比较高。他们不但对照料者表现出较为明显的偏好，而且面对任何喜欢对自己笑、喜欢跟自己玩儿的人，他们都会感到高兴，也会以欢笑作为回报。当照料者离开时，婴儿只会产生短暂的不安和焦虑，其他人若能及时安抚，比如，转移注意力、逗他玩儿，婴儿很快就能恢复好心情。

六七个月以后，这种情形将发生明显的变化。婴儿变得更有“界限”，不但“认生”，还对“分离”十分敏感和焦虑。无论是短暂的分离，还是长久的分离，照料者们都很难让孩子相信，不在眼前的东西并没有消失，仍然存在。

简单举例，对于只有六七个月大、还不满周岁的孩子来说，我们很难让他们相信，妈妈只是到隔壁房间去了，一会儿就出来；爸爸只是上班去了，很快就会回家……所以，这个时期的孩子对

“分离”充满了焦虑甚至恐惧。如果是陌生人去安抚，他们会更加不安，乃至哭闹不止。

（一）短期分离

婴儿一旦与他人建立起一种关系，那么，即便是短短几分钟的分离，也会让他备感焦虑。特别是母亲或其他的照料者离开婴儿，婴儿一般都会尖叫、哭泣、不停地搜寻……

根据短期分离时间的长短，分为两个阶段，婴儿随之出现两种表现，这里以母亲离开为例。

1. 抗议和绝望

婴儿最初的反应是“抗议”。他们声嘶力竭地要求母亲回到身边。

如果母亲出差、生病、死亡，致使分离持续下去，婴儿就会进入“绝望”阶段。这个阶段的反应非常剧烈，无异于成年人面对亲人亡故的心情：悲伤、绝望、无助。当母亲返回或者有返回的迹象时，婴儿很可能勃然大怒——此刻的愤怒源自绝望和无助。他们会哭得非常愤怒，仿佛在说，“你怎么能离开我？！”“你怎么能扔下我不管？！”“你怎么能抛弃我？！”

当婴儿逐渐认识到，不在眼前的物体依然存在着，痛苦反而会加剧。因为他们知道——妈妈在某个地方，但不和我在一起。

2. 超脱

如果这样的分离持续了几个星期或者几个月，孩子就会进入所谓“超脱”阶段。他们表面上似乎已经适应了分离，恢复了往日的正常生活，该吃就吃，该睡就睡，该玩儿就玩儿，然而，事实上他们已经在心里放弃了希望，不再奢求妈妈可以回到身边了。

因此，与其说是超脱，不如说是放弃。这个阶段的孩子会友好地对待周围每一个人，可是，他们不愿意跟这些人形成什么关系。原因很简单——害怕再次失去。他们不想再去体验那种曾经“失去”妈妈的痛苦。

这个时候，如果妈妈回来了，重新出现在孩子的面前，孩子会很难注意到妈妈的出现，即使注意到了，也会表现得几乎不认识一样。

（二）长期分离

分居、离婚或死亡往往造成长期分离。由于某些原因，还有少数孩子被寄养在他人家中，或被永久性地领养。

一般情况下，孩子若与亲生父母长期分离，总是需要有人代替父母来照料他们。这意味着将有人成为他们的“替代父母”，譬如，爷爷、奶奶、姥姥、姥爷、养父、养母、其他亲人或养育者。

心理学研究发现，成功的“替代父母”通常包含四个抚养要素：

1. 孩子从多大时开始被“替代父母”抚养；
2. “替代父母”进行照料的连续性；
3. 照料的质量；
4. 周围人的态度——如何看待造成替代性抚养的原因，如何看待是谁成了“替代父母”。

前面讲过，对于婴幼儿来说，照料的品质最重要！这句话也适用于“替代父母”。生活中，我们认识许多由“替代父母”抚养长大的人，而他们当中的很多人都是健康的、快乐的、优秀的。

在这里，我们还想从心理咨询的角度谈一下领养的问题。

领养几乎是一种终身的分离。但不同的领养情形，对孩子的影响也不尽相同。

第一种，孩子一出生就被送走。这等于母亲“堕胎”——精神堕胎。孩子在内心深处感觉母亲要“除掉”自己，他被永远地放弃了、送走了。在心理咨询师的帮助下，如果孩子（哪怕已经成年）能够发自内心地“同意永远地被送走”，他就会将爱转向自己的养父母。虽然心里仍有痛苦，但是，爱会继续传递。

第二种，孩子被母亲养育了一段时间之后才被送走。这代表母亲“必须送走”——孩子会觉得母亲“必须送走”自己，而非要“除掉”自己。这种情况就比第一种要好一些。孩子与亲生母亲之间仍然有联结，并未中断。如果对这样的孩子（哪怕已经成年）进行心理咨询，就需要帮助孩子在内心深处告诉心目中的亲生母亲：“出于爱，我同意。”

唯有如此，才能化解积压在心底的失望和被抛弃感。很多养子对于亲生父母是充满仇恨的，其实，仇恨只是一种表象。仇恨 = 失望的爱。化解了失望，也就化解了仇恨，健康的爱方能继续流动。

既然短期分离和长期分离都是一种创伤，对于孩子的成长以及亲子关系都会产生消极影响，那么，如何应对分离就变得十分重要了。

当家里不可避免地将要发生分离时，无论孩子是多大，父母都尽可能地坦诚面对孩子，尤其要学会“共情”式的表达——把您所体会到的孩子的感受，替他说出来。例如，“爸爸要去上班了，宝宝舍不得爸爸走，是吧？”“妈妈知道，宝宝哭是因为宝宝思念妈妈，对吗……”

尽管这种“共情”式的表达并不能完全消解孩子内心的难过，但是，您真诚的理解和反馈，却能够极大程度地缓解孩子的不舒服。如果您坚持进行这种具有建设意义的表达（除了面对分离，也用在孩子感觉不快的其他情境里），您的孩子长大以后，就会像您一样真诚、勇敢，懂得理解别人，懂得表达。

四、依恋类型

幼儿心理极易受到影响，具有强烈的依赖性，长期沉浸在父母心理的氛围当中。如果可能的话，只是在后来才逐渐摆脱这种影响。

多年以前，发展心理学家就发现，婴儿对其主要的抚育者（通常是母亲）表现出不同的依恋方式。这就是大家经常会谈到的依恋类型（attachment styles）。

（一）安全型（secure）

一个有爱心的抚育者总是在孩子需要的时候出现。这些孩子就很舒适地享受他人的关心和爱护，觉得他人是安全和亲切感的可靠源泉。于是，他们顺利地发展出安全型的依恋方式——喜欢与人交往，容易跟人发展出信任的关系。

（二）焦虑矛盾型（anxious-ambivalent）

有些孩子发现，抚育者对于自己的照顾是不可预测的，而且经常不一致。养护者时而热情洋溢，时而心不在焉，时而焦虑不安，有的时候甚至见不到他们。这些孩子不知道他们的养护者是否会回来照顾自己，或者什么时候才回来，所以，他们变得紧张焦虑和过分依赖，表现出对别人过分的需求。

（三）回避型（avoidant）

这些孩子的养护人经常心不在焉，勉为其职，有时甚至反感、凶狠、敌对。孩子便觉得别人是靠不住的，容易猜忌生疑，不容易形成信任和亲密的关系。

婴幼儿时期的人际交往经历影响到心理需求的满足，从而影响到他们以后的关系发展。

同样面对一个陌生而且吓唬人的情形，安全型的儿童会扑向妈妈，很快就能安静下来，然后开始勇敢的探索，逐渐进入不熟悉的新环境（Ainsworth, Blehar, Waters, & Wall, 1978）。焦虑矛盾型的儿童则会大哭大闹，紧紧地抱住妈妈，完全听不进父母的再三保证。回避型的儿童往往回避妈妈，保持与父母的距离，即使是害怕的时候也避免与父母的亲密接触。这些例子表明，依恋类型和儿童之间显著不同的友谊、游戏的风格，具有相关性（Koski & Shaver，1997）。

母亲的抚育态度和抚育方式会对孩子的身体健康造成直接影响。

著名的心理学大师卡尔·古斯塔夫·荣格曾记录过一个案例：

一个4岁的小女孩，从1岁开始就遭受着慢性便秘的痛苦。她忍受了每一种想象得到和想象不到的生理治疗。全部治疗都无效。因为医生忽视了孩子生命中的一个重要因素：她的母亲。我一看到孩子的母亲，就认识到她才是孩子发病的真正原因，因此，我建议她去接受治疗，同时把孩子交给另外的人照顾。另一个人取代了母亲的位置，第二天麻烦就解决了。因为我一直跟进这个病例，我知道孩子的病情再也没有反复过。对孩子而言，解决问题的方式十分简单。当然，如果不是经过分析，从而将来自母亲的致病原因移除，也不会这样简单。那个小女孩是家里年龄最小的孩子，是患有恐惧症的母亲最喜欢的孩子。母亲将所有的恐惧症投射到孩子身上，用过度、焦虑的关注包围着她，让她总是处于紧张状态。众所周知，这是极度不利于肠壁蠕动的。

（该资料引自荣格文集第八卷《人格的发展》，第四部分“分析心理学和教育”，第75页。）

更重要的是，依恋类型对于一个人对关系的信念、态度、感情和行为，都具有广泛的影响。

以亲密关系为例。安全感强的人，在亲密关系上比较放松和舒适。回避型的人通常对别人缺乏信心，促使他们尽量回避相互依赖的亲密关系，而焦虑矛盾型的人愿意寻求亲密关系，但担心这种关系不会持久（Feeney，1998）。与回避型和焦虑矛盾型相比较，安全型的人对于自己的亲密关系更满意（Feeney，1999）。

不容忽视的是，婴儿天生具有不同的个性。有的随和快乐，有的脾气暴躁，有的好动，有的文静。天生的个性差异会影响到父母的态度。所以，父母会感觉有的孩子容易带，有的不容易带。也就是说，婴儿与生俱来的人格特点可能会影响父母的爱的质量。这就更需要我们做父母的，学会无条件接纳自己的孩子！

早年经历虽然重要，但是，我们不是早年经历的俘虏。因为我们每个人的依恋类型不断受到成长过程的影响，它并非一成不变，而是习得的。一段好的关系可以使一个回避型的人，变得不太回避。令人欣慰的是，焦虑矛盾型和回避型比安全型更容易发生改变（Davila，Burge，& Hammen，1997）。

借此，提供一个简易的自我评估表，以帮助您了解或调整自己的教养方式。

温馨提示

依恋类型

以下哪个描述最符合您的感受？

（请在阅读本表结尾部分的类型划分之前，做出您的选择）

A. 我感觉与别人接近相对容易，依赖他们以及让他们依恋我都感觉自在。我不会经常担心遭人遗弃或别人与我太接近。

B. 与别人接近会让我感觉不自在。完全相信别人是很困难的，也很难让我依赖别人。如果有人靠得太近，我会紧张。如果爱侣让我过于亲昵，我会不自在。

C. 我发现别人并不愿意像我一样走得过于亲近。我常担心我的伴侣并不是真的爱我，或者不想和我在一起了。我想完全地与另外一个人融为一体，而这一欲望常常会把别人吓跑。

第一种是“安全型”；第二种是“回避型”；第三种是“焦虑矛盾型”。

资料来源：Shaver，Hazan，& Bradshaw，1988.

有必要指出的是，尽管婴幼儿时期也存在出现心理问题的可能性，但是，只要父母能够敏感地辨别，合理而坚定地调整教养方式，孩子们依然能够成为适应良好的健康宝宝！

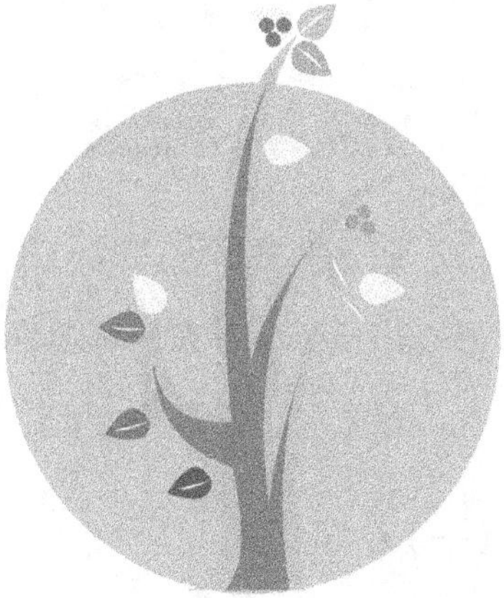

第四章 儿童时期

一、儿童的心理需求

对于儿童来说，我们在“婴幼儿时期”谈到的安全感、依恋感、信任感、存在感和边界感，依然重要，但又具有独特的阶段性心理需求。我们在这里着重讲几点。

（一）认同父亲

3～6岁的儿童有一个重要的心理历程，他们需要完成与母亲的心理分离，认同父亲。这是非常有意义的成长标志之一。

为此，母亲最好能够有意识地在孩子面前多提父亲的优点。尤其提醒那些离异的父母：如果孩子跟着母亲一起生活，请母亲一定不要在孩子的面前讲父亲的坏话！

当孩子表现出对父亲的不信任、不尊重时，母亲就要反省一下，可能是自己无意识地否认了丈夫的家庭地位，或是经常批评、指责丈夫。

如果孩子总是看到这样一个场景：不论爸爸在家里做什么，都会受到妈妈的轻视或指责，那么，孩子既能感受到妈妈的不满，也能感受到爸爸的无奈，他心里就会产生冲突：爸爸到底是好爸爸还是坏爸爸呢？渐渐地，孩子就会失去对爸爸的热情，甚至觉得爸爸很窝囊。

在如此场景里长大的孩子，将来进行异性交往时就容易出问题。女孩子更多认同妈妈，便“打包”接受了妈妈的做法——欺负对方，压制对方。男孩子既不认同妈妈，也没有形成对爸爸的认同，容易自卑，对“无能”“没出息”“窝囊”之类的信息格外敏感。

另外，有临床心理学家研究发现，过动儿/儿童多动症，是由于内心在渴望被拒绝的爸爸。所以，当越来越多的女士拒绝自己的丈夫时，就会有越来越多的过动儿。

案例

有一个6岁的男孩儿，从4岁起，被当地多家医院诊断为儿童多动症。

两年中，他的老师不断地向他的父母抱怨：“你家孩子没有一刻能停下来！”他从没有老老实实地坐在椅子上，总是不停地走来走去。老师教大家认字、唱歌、做游戏，他就跟旁边的小朋友聊天。如果老师走过去制止他，让他保持安静，或者坐回到自己的座位上，他就又踢又打，把东西扔在地上。稍不称心，就会大吵大闹。他走到哪里就把混乱带到哪里，严重干扰到班上的其他同学，小朋友们都很难集中注意力，老师们也束手无策。

在家里，他也是一刻都停不下来，常常把玩具到处乱扔，或者搞些小破坏。他对电视毫无兴趣，也不喜欢任何需要集中注意力的玩具和游戏。他似乎从来都不知道自己下一步要做什么，可能会突然做一些无理的事情。父母不得不经常请假带他去医院，或者提前从幼儿园接出来，带他在外面玩儿。

从行为表现上看，这个孩子具备了多动症（也叫注意缺陷）

的所有临床症状：

（1）缺乏注意。不注意细节，犯粗心的错误；难以保持注意力；对于别人的说话漫不经心；不能听从指示或完成任务；难以组织行为；避免参加要求持续的努力和注意力的活动；经常丢东西；容易分心；记性差。

（2）活动过度。手脚乱动，坐立不安；在适宜的时候离开座位或东奔西跑；难以从事比较安静的活动。

（3）冲动。在别人说话时大嚷大叫；在等待轮到自己时没有耐心。

（以上关于“症状”的这部分资料来源于DSM-IV，美国精神疾病诊断与统计手册第四版）

他的注意力水平和冲动性，显然远远超出了他这个年龄的正常水平。真的是这个孩子出了“问题”吗？

经过心理咨询师的深入了解才知道，在他4岁那年，父母的关系出现了问题，两口子经常在家里吵吵嚷嚷。妈妈平常说话就很快，生气的时候声音格外尖利，而且动不动就摔东西。骂老公最多的一句话是：“你还是个男人吗？你看××家又换新车了……”

案例分析

看到这里，您可以理解孩子为什么多动了吧。对于一个4岁的儿童来说，父母吵架是非常恐怖的事情，他不知道到底发生了什么，更不知道下一步会发生什么。出于本能的自我保护，他需要做一些事情让自己不那么害怕。有一次，他在父母吵架的时候，跑到阳台上想要躲起来，结果一不小心碰倒了花盆，“啪”的一声，花盆摔在地上。父母听见声响，赶忙跑过来……从此，孩子的多动行为逐渐增多。由于他的“问题”越来越严重，父母很多时候就顾不上吵架了，甚至同时请假来陪他。

当一个不健康的行为满足了当下的心理需求时，这个行为就很可能慢慢固化下来，甚至成为一种下意识的习惯。这就是“因病获益”。对于这个小男孩儿而言，如果不停地“动”，能够换来家里的“静”，让自己多一份安全感，让妈妈少骂爸爸一些，何乐而不为呢？

（二）形成人格中最核心的成分——自我觉知

自我觉知就是自我认识，即能够感觉到自己在此时此地的身心状态，能够认识到自己与周围事物的关系，特别是自己与他人的关系。

地球上生活着上百万个物种，唯有人类具有自我觉知的特性与能力，并且发展完善。这个非常特殊的心理能力，促使人渴望得到爱和归属感——这些渴望成为塑造人格最重要的驱动力之一。因此，父母在培育儿童时不得不高度重视。

在很大程度上，我们看待自己的方式，源于别人看待我们的方式，或者，源于我们认为别人怎么看待我们。

举例说明，当儿童说：“我是乖孩子。”其实是在说，“爸爸妈妈认为我是乖孩子。”或者，“我觉得，爸爸妈妈认为我是乖孩子。”同样道理，当儿童说：“我很讨厌。”其实是在说，“爸爸妈妈觉得我很讨厌。”或者，“在我爸爸妈妈眼里，我是个讨厌的家伙。”

许多成长挫折和内心冲突的原因，就出在这里。

儿童的思维方式往往比较感性，善于将内心感受直接形象化，形成一些具体的意象，出现在梦里、绘画里或者自己讲的故事里……

意象对话小练习

你会变成什么？

如果您想巧妙地知道孩子是如何看待他自己的，可以通过这个酷似游戏的意象对话来了解。创立者：中国著名心理学家、意象对话疗法创始人朱建军教授。

具体操作如下：

第一步，引发孩子的兴趣。建议这样开场：“我们做个游戏好吗？就是闭上眼睛，想象自己会变成什么。”

第二步，引导孩子舒适地坐好，闭上眼睛，放慢呼吸。

第三步，引导孩子进入想象，说指导语：“仿佛你来到一个神奇的童话世界，只要念一个咒语（或者说‘喝一种神奇的水’），你就可以变化了。看看，你会变成什么？”

第四步，无论孩子想象出来的是什么，无论您对他想象出来的意象了解多少，都鼓励他在想象中说最想说的话，而千万不要有任何的指责、批评、嘲笑、打击、质疑等。（这一点非常重要！）

最后一步，引导孩子放松身体，睁开眼睛，说一说睁眼后看见周围有什么具体的东西（诸如：桌子、沙发、床、灯、玩具……），以保证孩子脱离了想象情境，身心合一地回到了现实情境。

场外指导

这是意象对话疗法中的一个常用练习，非常适合了解儿童和青少年的自我认识。由于这是一个心理咨询方法，是基于大量的临床经验总结出来的，所以，请各位读者按照上面提供的步骤去进行，不要省略其中的任何一步，尤其要做到：在孩子的整个想象过程中，父母不能有任何的指责、批评、嘲笑、打击、质疑等。

孩子想象出来的具体形象，象征着他的自我认识。换句话说，所有的形象都具有象征意义。例如：洋娃娃象征缺乏独立性和创造力的“乖宝宝”或“好学生”；孙悟空往往代表父母眼中的“反叛者”；怪物意味着不被父母理解；隐形象征着被父母忽视，仿佛自己不存在一样，或者截然相反，代表孩子被父母过度关注，感觉很紧张，孩子想通过隐形逃离父母……父母可以从中了解到家庭教养方式正确与否，是否需要进行调整。

关于什么东西象征什么，是一门学问，它融合了人类学、文化学、心理学、考古学、文学、艺术等许多学科的相关知识和经验。我们无法在本书中详述，而且这也不是本书的重点。

各位读者只需要掌握这个互动练习的要点即可：虽然意象的象征意义很重要，却不是最重要的，最重要的是，通过亲子之间的这种潜意识互动，鼓励孩子呈现真实的自我认识状态，同时，给孩子提供一个表达的机会。并且，不论孩子呈现怎样的自我觉知状态，表达怎样的内容，父母都平静地接受——这就成为我们接纳孩子的一个重要机会！

二、问题并非病症

儿童与青少年所表现出来的问题都是发展中的问题，无论表现得多么适应不良或者“异常”，都只不过是存在某些问题，而非疾病。

并且，心理学工作者们总是发现，造成儿童问题最多的、最合理的原因是来自他们的父母和家庭。当儿童表现出令人不安的个性，或令人费解的情绪反应和行为举止，与其说是他们内心活动的表达，还远不如说是反映了他们各自家庭中各种困扰的影响。

父母的精神状态、父母的烦恼和问题、父母已经实现或无法实现的志向、父母已经经历或未曾经历的生活方式、家庭的氛围以及教育方式等，毋庸置疑地、深深地影响着儿童。倘若家里的儿童表现出明显的心理问题，父母则不得不重视这些信息，重新审视自己。

儿童似乎总是能够对于父母的精神现状做出快速反应。而对此，父母和孩子往往都是意识不到的，不知道发生了什么。

简单地说，儿童的心理问题一般可以分为两大类：情绪问题和行为障碍。实际生活中，有相当一部分存在心理问题的儿童同时具有情绪问题和行为障碍。

儿童的情绪问题包括各种消极情绪，常见的有恐惧、抑郁、害羞（社会性抑制）、愤怒等。

具有行为障碍的儿童往往不能或不愿遵守社会行为规则和规

范。常见的有：躯体攻击和言语攻击；破坏行为；不负责任；不服从；恶劣的人际关系等。他们的行为具有对抗性和挑衅性，而这些行为特点通常是恶劣生活经历的产物。

究其原因，可能是他们未能学会自我控制，也可能是他们所掌握的行为标准与通行的社会常规不一致。譬如，经常遭受父母或其他照料者的体罚；早年经历重大的负性生活事件；被周围人冷漠地对待；经常遭受侮辱、威胁或恐吓；在违法的团伙里长大……

例如，一些儿童喜欢下意识地啃指甲或吃手指。很多家长认为这是一个坏习惯，不卫生，不雅观。其实，这是一个情绪问题。当儿童的潜意识里有弱小感的时候，他感到害怕，非常需要有人了解他，陪伴他，并且帮助他解决问题。在成年人看来，他的“问题”也许并不大，但着实困扰着孩子。诸如，不想去幼儿园或学校；玩具被抢走了，不知道该怎么办；老师说午睡的时候不许乱动，不许说话，可是他想解手，不敢说；他总是最后一个被爸爸妈妈接走，眼睁睁地看着别的小朋友被大人接走……

一个人感到孤立无援时，渴望有陪伴者，这种渴望会驱使人去主动寻找陪伴者。儿童最容易找到的是自己的手，在他们的潜意识中，“我的手可以与我并肩作战”。想一想，成年人也会有类似的行为。在遇到生活困境，内心孤独无助时，也常常会下意识地两手相扣，十指交叉，放在胸前，甚至低头默默祈祷。手是我们的贴身伴侣。

当儿童下意识地把手指或指甲放在嘴里进行接触的时候，心里就感觉不那么害怕了，自己也不那么弱小了，会踏实许多。所以，这个时候，如果家长训斥孩子，孩子就越发地感觉自己弱小。越训斥，越有弱小感。

针对儿童吃手指和啃指甲的问题，正确的应对方式是：了解孩子的恐惧或困难，与他并肩作战。

如此帮助孩子的事情，您做得越多，您就越会发现，只要用心去了解孩子出现问题的真正原因——请注意，是真正的原因，而非肤浅的表层事件，解决起来并不费劲，甚至可以很轻松。

儿童的成长速度是惊人的，在这个过程中，难免会犯些小错误。作为父母，我们该如何应对？

具体的应对方式远不如应对态度更重要。我们鼓励两个最基本的应对态度：

1. 小错误要早犯

既然大家都承认孩子没有不犯错的，那么，早犯错就比晚犯错好，付出的代价要小很多。

2. 犯错误是学习的机会

有歌词云："不经历风雨，怎么见彩虹。"套用一下，"不犯错，怎么有成长"。诚然，犯了错，也未必有成长。因为成长不取决于犯错与否，而是取决于是否懂得从各种经历（包括犯错）中汲取积极的元素。

于是，父母的正确引导变得尤为关键。如果父母在严厉制止错误行为的同时，又能引导孩子学习新的本领，犯错就被转化为成长的机会。孩子也会真切地感觉到，父母的严厉之中有慈爱，还有帮助。随即，会对父母多一份尊敬与亲近。

举例来说，孩子与同学争抢玩具——学习分享与合作的机会；孩子打架——教他用沟通的方式解决冲突的机会，学习如何与人协商；孩子乱发脾气，摔坏了东西——学习用言语表达情绪的机会；孩子撒谎——让他有机会明白：诚实的代价更小；孩子偷东西——重新确立人我界限，学会自律和遵守社会规范，学习控制自己的欲望；孩子因谈恋爱而情绪波动——学习认识什么是爱情，重新评估自己是否具有承担爱情的能力与精力，学习建设亲密关系的能力，学习在学业或工作与感情之间平衡发展的转换能力……

尤其是青少年，“出事”的时候，往往是他们最需要帮助的时候，也是最容易反省自己、最愿意改变、也最容易接受别人影响的时候。这个时候，父母若能联合周围的人善加支持和引导，孩子必心存感激，愿意从教训中学习成长。

三、请不要做“蜘蛛妈妈”

蜘蛛作为一个昆虫意象，可以用来象征母亲。而“蜘蛛妈妈”更加强调的是一种教养方式——善于“吐丝结网”，把孩子牢牢地抓在自己手里，管得很紧。

“蜘蛛妈妈”喜欢束缚孩子，不能允许或者说无法忍受孩子不听自己的话，哪怕自己的决定变来变去。她们的出发点是善意的：害怕孩子受到伤害；担心孩子遭受挫折；希望孩子更有出息；等等。

可是，她们忽略了孩子的感受。她们不知道孩子经常梦到可怕的大蜘蛛，伸着毛茸茸的爪子要把自己吃掉；有时是梦见身形庞大的蟒或蛇，要么紧紧地缠住自己的身体，喘不过气来，要么张开血盆大口，要把自己吞掉；还有孩子会梦见黑乎乎的牛魔王，两个眼睛鼓鼓的，严厉地瞪着身体渺小的自己……

学习过解梦，您就会知道，上述梦中的“蜘蛛”“蟒蛇”和“牛魔王”都是梦者心目中的父母形象。其中，“牛魔王”代表严厉的父亲，与“蜘蛛妈妈”一样，喜欢对孩子进行强约束、强压制。白天，孩子可以借助各种道理安慰自己，说服自己接受这些约束和压制。当夜晚降临，沉入梦乡时，意识休息了，潜意识活跃起来，压抑在心里的恐惧和不满就可以在梦里自由地释放一下。因为在梦里表达任何情绪都是安全的。（诚然，并非所有的人梦见上述场景，都是这个意思。）

也许父母们会感到不解和委屈：我们那么费心费力地照顾孩子，尽可能为他创造最好的生活条件，我们只想把孩子培养成人，怎么可能是想要吃了他？！

是啊！我们付出的明明是爱，怎么会让孩子感到害怕？爱会变成伤害吗？

心理学的答案很残酷：是的，爱有时会变成伤害。尽管那不是我们的初衷。

当父母忽视了孩子的精神需求时，付出得越多，伤害可能就会越大。英国动物园的一只狒狒妈妈太爱自己的孩子了，她每天不停地用手抚摸小狒狒的头顶，结果，这只小狒狒秃顶了，再也长不出头发了。而人的需求远多于狒狒。

所以，当孩子们最渴望得到的接纳、尊重、理解、认可等被忽视的时候，当可以承担个体责任的一切机会都被剥夺的时候，父母的形象就会在他们心中发生变化——爱，就变成了伤害。

人们很容易同情那些没有父母的孩子，感觉他们太不幸了。可是，如果孩子过于依赖父母，同样是一种不幸。

如果说孩子害怕“蜘蛛妈妈”，害怕自己被吞噬、被掩盖、没有自由、没有自我、没有独立，丧失生命的活力，那么，“蜘蛛妈妈”的心理动机又是什么呢？事实上，也是害怕——害怕孩子长大，害怕自己不被需要，害怕自己失去价值和意义。

原来，“蜘蛛妈妈”害怕变老，也不愿放弃作为家长的威望和权力。

原来，“蜘蛛妈妈”需要在束缚和控制中获得“被需要感”，获得自我价值的满足。

儿童的“想长大”和成人的“被需要感”同样重要。为了让这两个东西在亲子之间和谐相处，首先需要父母转变理念：

我们不仅仅是养育者，更是孩子的陪伴者、支持者和帮助者——精神陪伴、情感支持和及时帮助，对于孩子的成长与幸福无比重要！

接下来的问题是，假如不采用强控制、强约束的方式，可以通过怎样的方式教育儿童时期的孩子呢？

这里，以帮助儿童形成良好的生活习惯为例。

父母可以在家里比较显眼的地方放一个白板，在上面写下每天早上孩子需要独立完成的事，以帮助孩子专注于自己的任务：

（您可以根据家里的实际情况调整顺序）

1. 整理床铺
2. 刷牙
3. 梳洗干净
4. 换衣服
5. 吃早餐
6. 收拾书包

每当孩子独立完成时，就及时地夸奖。如果没有完成，也不批评孩子，而是鼓励他，并且亲口告诉孩子："我相信，你下一次可以做得更好。"

意象对话小练习

上帝的礼物盒

如果您想快速而深入地了解您与孩子的内在关系，可以带孩子做这个意象对话练习。它是意象对话心理师曹昱老师研发的一个创新技术，临床效果很好。

具体操作如下：

第一步，引导孩子舒适地坐好，闭上眼睛，放慢呼吸。

第二步，引导孩子进入想象，说指导语："想象中，爸爸和妈妈分别收到了上帝的一个礼物盒，打开看看里面装着什么动物？爸爸和妈妈分别拿什么东西喂养这个动物？爸爸和妈妈各自安排这个动物住在哪里？动物的感觉是什么？"

第三步，无论孩子想象出来的是什么动物，无论您对他想象出来的动物意象了解多少，都鼓励他把想象的内容全部说出来，千万不要有任何的指责、批评、嘲笑、打击、质疑等。（这一点非常重要！）

最后一步，引导孩子放松身体，睁开眼睛，说一说睁眼后看见周围有什么具体的东西（诸如：窗户、桌子、沙发、灯、玩具……），以保证孩子脱离了想象情境，身心合一地回到了现实情境。

场外指导

关注重点：父母所给予的爱，是否与孩子的天性相匹配。

互动意义：促进内心沟通，建设亲子关系。

在这个意象对话练习中，有一个引导非常重要，就是引导孩子去仔细体会："想象中的爸爸妈妈主动关注动物时，动物的感觉是什么？"这个引导本身就具有建设意义：此时此刻，父母正在向自己的孩子传达真实的爱——关心孩子的内在需求，尊重孩子的真实感受。

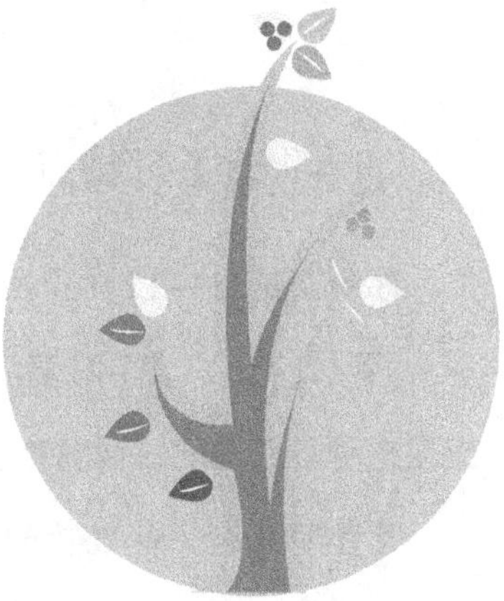

第五章

青春期

一、青春期的心理特点

青春期是11～12岁开始（男孩子的生理发育比女孩子稍晚一些），到17～18岁这个时期。青春期是指性器官的发育与第二性征出现至身心成熟的这段时期。

青春期具有一些独特的心理特点。倘若父母能够随着这些特点的出现和发展而调整家庭教养方式，就可以化解“更年期遭遇青春期”的许多尴尬与冲突。

（一）“自我”形成与独立阶段

青春期的孩子喜欢追求控制感，以表明自己长大了、独立了。其深层原因是心理边界（personal boundary）的问题。

我们知道，在任何与人有关的问题当中，诸如政治、经济、文化、婚姻、家庭、心理等，总有一部分是在我们控制范围之内的，或者说，是“在我们个人边界之内”；而问题的另一部分是在我们的控制范围之外，或者说，是“在我们个人边界之外”。

心理边界让我们知道，什么是我们能控制的，什么不是。因此，要解决孩子一生将要碰到的、所有与人有关的问题，当务之急就是培养健康、成熟、高尚的心理边界。当孩子能够拥有坚实的心理边界时，面对问题就知道自己控制能力的范围，解决问题将变得简单：对自己不能控制的事放手，专注于自己能控制的事。

青春期的孩子比较容易将情感投注在自己不能控制的事情上，

比如，社会制度、学校、老师、公司、老板、男朋友/女朋友、拥有心理边界的其他人……这些事物通过心理边界的“漏洞”进入他们体内，于是，他们感觉不爽，“你别惹我”！我们可以问问这些孩子：“你的身上有按钮吗？是别人在按动你的按钮吗？”这么做，无非是想帮助他们认识到，如果一个人的心理边界模糊，自我独立性就会变弱，积极的情绪随之减少（如同汽车漏油），既不敢说“不”（拒绝他人），也不敢听“不”（被他人拒绝）。

因而，如果孩子在生活的每个细微之处都有自己明确接受和明确拒绝的东西，就能够确立个人的独立性，更加清楚自己是怎样一个人。如果连自己是怎样的人都不清楚，又如何去应对问题或改变问题呢？

父母如何判断孩子的心理边界出现了问题？有一个简易的方法可供参考：

当孩子遇到问题，用词模糊时，就说明问题出在心理边界上。例如，“我不清楚”；“我不知道怎么形容它”；“这事儿说不清楚”；“我也不知道是怎么回事”；“我很迷惑”……

确定是心理边界出了问题，父母就引导孩子共同分析问题，澄清问题的具体边界，让他们变得越来越明晰。

（二）性成熟阶段

到了青春期，人的生殖器官和性心理的成熟程度，基本达到了能够生育后代的程度。这就是所谓性成熟阶段。性成熟存在早熟和晚熟的现象。

1. 男生性心理成熟的标志性特征

第一，钟情。

钟情是男生性心理成熟最典型的心理表现和特征。他们对女性的注意力明显增强，越来越喜欢与异性交往。这个特征体现出他们对异性的纯洁而朦胧的思念、热烈而浪漫的渴望、自我在精神层面对于幸福的向往。由于性格和成长环境的差异，男生的反应方式各具特色。

第二，自我表现。

在钟情心理的驱动下，男生愿意和自己钟情的异性接触，很想引起对方的注意。于是，开始注意自己的仪表、发型、服装等；注意倾听、理解、揣摩钟情异性的言谈、举止、心境、情绪，总想为她做点什么；爱在她面前逞能；在一起或在某些场合，下意识地目光凝视她，同时观察对自己的反应，并学着用眼神传达某种期待。

第三，紧张感。

在性成熟初期，男生参加有异性在场的所有活动，如谈话、说笑、集体活动、比赛、运动会、个别交往等，都会产生不同程度的紧张感。原因很多，诸如，世俗观念、外界舆论等。最主要的原因是，他自己也迷惑不解的心境、无目的的盲目行为。这些影响到男生的自信心，所以内心紧张。随着两性之间的交往，紧张感会逐渐消失。

2. 女生性心理成熟的标志性特征

第一，爱慕。

女生的性成熟比男生相对早一些。出于好奇心和新颖感，进入性成熟期的女生开始关注爱慕的异性。绝大多数女孩儿只是默默感受，不轻易表达出来。

第二，选择。

选择异性朋友是女生性成熟最重要的心理特征。随着独立意识的增强、视野的开阔、交往活动的丰富以及情感的深化，女生开始有选择地寻找异性知己，以满足情感需求。

第三，倾心。

一旦找到“意中人”，女生就容易把对方当成自己的情感依靠，倾心付出。

您的子女出现以上特征时，我们会为您感到庆幸：您的孩子在性生理和性心理两个方面都发育正常，并且成熟。

（三）觉醒阶段

青春期有一个巨大的改变，孩子们以前所未知的能量水平开始觉醒。这种能量是令人恐慌的，也是最令父母害怕的。有心理学家形容他们“就像兴奋的、精力充沛的赛马”，当他们“被迫等待起跑线的那扇门打开时，会紧张地在马厩里踱着步子”。

此阶段，发育正常的孩子会在以下两个方面表现出明显的追求。

1. 自我认同感

自我认同感的发展始于婴幼儿时期，随着与外界的相互作用逐渐形成。童年时期的自我认同感更多地依赖外界评价。到了青春期，自我意识的增强促使人们渴求用自己的眼光来看待自己，维护自尊。此时的自我觉知和自我体验，与幼年时期更依赖外界所形成的自我认同感很可能是不一致的，从而造成内心冲突，产生自我认同危机。

青春期的孩子渴望明确自己是谁，越来越深入地了解自己、探索自己的内心世界，形成自我肯定的状态。他们对于自我的现状、生理自我、社会期待、过去经验、现实经验和未来希望等多个方面，进行觉知，然后统合成一个完整和谐的结构。这意味着，他们必须在青春期之前的自我与当下的自我之间寻找到连接点，并且，还要把关于未来的自我（包括新的社会角色和责任）的各种想法结合到统一的自我概念当中去。

当他们能够在以下三个主要的领域做出承诺时，自我认同危机便得以解决：

（1）职业。选择一个职业。

（2）意识形态。建立人生观、价值观、信仰或政治倾向、一般性的世界观。

（3）性取向。确定自己的性取向，产生与年龄相一致的性角色行为。

当自问“我是谁?”的时候，如果回答是成功的，自我认同感就形成了，对于个人价值和生活中的重要选择就能做出决定。他们理解了自己是怎样的人，就会努力地去接受自己，并欣赏自己。

这对于阅历有限、自我探索也有限的青少年来说，确实是一件比较困难的事情。所以，有些孩子没有形成良好的自我认同感，相反，出现了“角色混乱”，影响了以后的人格发展和人生轨迹。

“角色混乱”的孩子更加渴望知道“我是谁”，心情也更加焦躁，于是不断地跳跃、变换、尝试，或逃学，或经常变换工作，或经常变换行业，一会儿想读大学，一会儿想当歌星，一会儿想出国，一会儿又想干别的什么……

即使如此地“不定性”，有一点仍然值得肯定，这样的孩子是在努力地“寻找”自己。至少，他们没有放弃自己，希望找到自己存在的价值和意义。

2. 亲密感

青春期开始寻求一种特殊的关系，渴望与同性和异性建立亲密的个人关系，以发展自己的“亲密感”。

亲密关系需要为双方提供稳定的情感和包容，因而，最满意、最有意义的亲密关系包括6个方面：了解；关心；依赖；互动；信任；承诺。

以上6个方面并非获得亲密感必不可少的要素。任何一项单独的方面都可以促成亲密关系的建立。但是，毋庸置疑，只有某个方面存在的亲密关系，迟早会逐渐淡化。比如，两个好朋友（无论是同性，还是异性）彼此非常了解和依赖，可是相互之间缺乏关心和信任，缺乏深层情感的沟通，那么，他们确实比跟其他人的关系亲密一些，但两个人都会感觉不够亲密。这就为关系的维系和发展埋下了隐患。

所以，建立亲密关系，获得亲密感，这是一种能力，而且是需要学习的能力。青春期能否获得亲密感，以及亲密关系的质量，不仅影响到心理健康，还影响到未来的人际交往和婚恋质量。这一点在后面的相关内容中还会有所涉及。

二、问题并非病症

青春期似乎是个问题爆发的时期。其实，有一些并非真正意义上的“问题”；能够被称之为“问题”的，也仅仅是问题，而非病症。

当我们不加分辨、不加分析地给一些行为贴上标签的时候，不是问题的问题也就变成问题了。

（一）逆反不是问题，不逆反也有问题

青春期自我意识发展最显著的标志之一是独立意识。独立意识过头，便会矫枉过正，把独立理解为“万事不求人”，不接受别人的帮助，包括父母的帮助。于是，出现了逆反心理和逆反行为。

其实，逆反的本质是寻求独立，渴望自我肯定。只不过，当下的自我还不够自信、强大，为了保护正在形成的新的自我，不得不去抵抗和排斥那些自认为压抑自己的外在力量，努力证明自

己具有反抗精神、批判精神和独立意识。

父母和老师越是指责他们“不成熟”“幼稚”，他们内心就越是感觉到自己的弱小。弱小感是一种非常不舒服的感觉，很容易激发追求独立、证明强大的渴望。所以，但凡是生理发育正常、心理发育比较健康的孩子，大多会实施自我保护行为。

打个比方，在孩子前行的路上有个坑，师长们凭着各自的人生经验看到了这个坑，而且深知掉下去的危害，便拦住他，给他摆事实、讲道理，百般阻挠他往前走，甚至设置重重障碍不让他过去。此刻，他面临的选择是：如果听了师长的话，很可能躲过坑，顺利前行，但是证明自己没有长大，是个言听计从的“乖宝宝”，没准儿还会被同伴们耻笑，说自己是个胆小鬼；如果不听，很有可能掉下坑，弄不好还会受伤、流血，但是，至少证明自己“勇敢”，大不了嘴硬，不喊“疼”，疼也忍着。

因此，希望父母可以理解：逆反本身不是问题，不逆反也有问题。对此，我们需要让孩子明白：一个真正成熟、独立的人，敢于对自己的情感和行为负责，但不排除接受别人的帮助。

独立并不意味着独来独往、我行我素、不顾社会规范，而是指能够在自己的情感和行为上担当责任。所以，为了独立而逆反值得尊敬，同时需要帮助；为了逆反而逆反，只是简单地抗拒，不分黑白与是非，不分精华与糟粕，则说明孩子与权威（父母、老师、社会规范）的关系有问题；从不逆反，表明孩子在心理层面放弃了“自我”，不再追求独立，不再想“长大”，甚至过分依赖。

说到这里，不得不再次强调前文所述的“边界”问题。一个心理健康的人，既有人我界限，又不拒绝外界的信息和能量，并且懂得吸取那些对自己成长有帮助的信息和能量。

（二）崇拜偶像不是问题

有这样一些事物，由于不可抗力等因素，影响甚至决定着人的生命与命运；有这样一些人物，用其超凡脱俗的事迹影响着人的价值取向及其行为。从宗教到政治，从伟岸的英雄到有所作为的明星……他们以某种方式融入人们的生活与思维，并发生某种效应。人们把这些事物或人物赋予“偶像”的意义，从而形成崇拜的心理。任何一种对象（人物、偶像、图像或其他物体、事物）都有可能被当作偶像来崇拜。

崇拜偶像是青少年精神生活的重要内容。表面上是在崇拜某个外在的偶像，实质上是自己的内心在进行自我定位或价值取向，只是将这种心理需求投射到了外部对象上面。

崇拜偶像本身不是问题，需要关注两点：一是如何借助偶像崇拜培养健康的价值观和高尚的审美情趣；二是如何帮助那些过于痴狂的崇拜者。

以“追星族”为例。“追星族”在中学生群体里拥有一定的数量。其中，有的同学比较明智，而有的同学如痴如醉，甚至到了狂热、执着和迷恋的程度，严重地影响了学业，常常导致某些过激事件和消极后果，引起家长、老师和社会的忧虑。例如，辽宁一名16

岁的少女自杀，起因是母亲没有给她买偶像张国荣的CD；浙江一名17岁的初中生因没钱亲眼见到偶像影星赵薇而服毒自尽；四川一名13岁的女孩在连看8遍《流星花园》后，独自离家出走，下落不明；17岁的偏瘫歌迷为周杰伦走遍六省，最后吞下30粒安眠药；兰州疯狂追星族杨丽娟追逐刘德华未果，害老父跳海身亡……

这类案例的层出不穷着实让人担心。可是，崇拜并非空穴来风，总是与某种心理需求相挂钩。如果我们能够捕捉到青春期偶像崇拜的规律，了解不同孩子的不同心理成因，就可以有针对性地加以引导和帮助了。概括地说，大致有以下几个心理成因。

1. 追寻自我

当他们或早或迟地走过童年，面对纷繁的世界时，往往会感到无所适从："我是谁？我从哪里来？我要到哪里去？"这种内心深处的困惑缘于心中没有建立起稳定的自我形象，没有形成自我认同感。此时，他们开始思索自我的意义，急需一个看得见、摸得着、活生生的形象作为自我的代表。他们在公众人物中寻找那些具备自己欣赏和佩服特点的人物，如果某个人物足以让他们欣赏和佩服，就会成为被崇拜的偶像。从这个角度来说，偶像是崇拜者的代言人，是崇拜者的理想自我，也是崇拜者心目中的未来。——自我认同感的需求。

2. 寻找心目中父母的替代者

由于生理上突飞猛进的成长，他们认为自己已经长大了，希望能够独当一面，渴望摆脱父母的控制。然而，有限的生活经验和思维方式的不够成熟，又使得他们不能没有父母的帮助，这种矛盾状况很是苦恼。因此，有些孩子选择崇拜拥有能力、地位和独立的偶像，希望通过偶像崇拜来实现独立自主的目的。某种意义上，这不过是将偶像作为了心目中父母的代替者，让偶像来行使对自己的管理。——自我管理的需求。

3. 获得同伴认同的一种手段

有些追星族是为了保持与同伴的一致。他们追求的是让自己有所归属，是为了让自己和别人知道他属于那个团体。所以他们需要知道大家正在讨论的明星的生日、星座、爱好和最新的生活动态。——同伴认同的需求。

4. 逆反的表现

父母越限制追星，就越追星，以至于一天不听某歌星的歌，不收集某明星的信息，就好像少了点儿什么似的。——独立意识的需求。

（三）同伴认同

青春期不仅需要自我肯定，形成自我认同感，还需要获得同龄人的认同，即“同伴认同”。同伴认同是深化自我认识的一种表现。

进入青春期之后，人会自觉不自觉地以人为镜，通过与他人进行交流和比较，把自己的形象反射出来，然后加以认识。青少年在人际交往的过程中，往往以同龄人作为参照系，从这些同伴对自己的态度、评价和反应当中，去发现自己的优点和短处，强化自己的内在价值，从而选择更为恰当的行为。

良好的人际交往能够促进同伴认同，使人获得安全感和归属感，得到情感支持。在遇到问题的时候，懂得在现实生活中寻找支持和帮助。这对维持一个人的身心健康是非常重要的。通俗地说，朋友多的人，心理失调的概率要低很多。

很多沉溺于网络的孩子恰恰是因为没有在身边的同伴中交到好朋友，甚至比较疏离、隔阂，总觉得没有人能理解自己，内心孤独无助。所以，遇到问题时不愿把自己的烦恼告诉同伴，害怕被嘲笑，或者被拒绝。而互联网匿名性的特点使他们摆脱了很多现实交往的限制，地域、相貌、性格、学习成绩、家庭背景等可能成为现实交往障碍的因素在互联网上被忽略了，心里会感觉更放松、更安全、更主动。

于是，社交网络更容易在互联网上建立起来。在网上，大家可以更自由地表达和交流，可以借助各种游戏宣泄情绪，可以更勇敢地尝试新的社交技巧，遇到学习或生活问题时自然会转向互联网寻求支持和帮助，当然，还可以借此逃避现实困难。沉溺于网络的时间越久、程度越深，越容易忘记网络只是一个工具，就越脱离现实生活和现实人群，也就越容易感觉现实世界不如虚拟世界安全、温暖、自信，网络成瘾的倾向性就越高……一旦陷入这个恶性循环，“现实感”便会越来越弱，逐渐分不清哪些是现实世界里的事物，哪些是虚拟世界里的事物，甚至会混淆现实与虚拟的“游戏规则”。

因而，我们应该从小就培养孩子如何跟同龄人相处，如何获得友谊，如何保护友谊，遇到问题时不逃避。实际上，这是在培养价值观。当他们长大、进入青春期之后，自然懂得怎样与同伴相处，也更容易获得同伴认同。价值观健康的孩子会知道，人要有理想，有精神追求，同时，人是活在现实世界中的，感恩与合作尤为重要。

（四）亲子关系

无论是父母，还是孩子，都有可能遇到青春期的亲子关系问题。诸如：逆反、隐私、代沟等。

这里以“代沟”为例。

进入青春期的孩子依附性减弱，独立性增强，从而使亲子两代人在对待事物的认识上产生一定的距离，由于态度的不同及意见的分歧，出现了沟通障碍，即所谓“代沟”。

首先，代沟并不必然成为沟通障碍。

很多人认为代沟是障碍，这是一种误解。仔细分析就会发现，很多的代沟表现在本质上是一致的。比如，孩子喜爱的歌曲，家长可能不爱听，也不会唱。然而，无论哪一代人，都曾经非常热衷于自己同辈人共同喜爱的歌曲。因为这些歌曲是同辈人中间熟悉的、能够形成共鸣，不仅反映了当时那个时代的特点、风格和“流行”，而且承载着自己的生命轨迹和心路历程。

在这一点上，代与代之间没有什么不同。亲子之间相互尊重就好，谁也不必去评价谁。评价多了，沟通障碍就会被人为地制造出来。

其次，代沟是成长中的自然现象。

代与代之间有许多差异，正是这些差异见证了时代的进步与人类的发展：一是两代人生长环境的差异；二是个体成长过程的差异；三是社会角色不同；四是适应环境变化的能力与态度不同。

最后，以接纳和沟通作桥梁。

亲与子都承认代沟的存在，不回避，不夸大，也不需要完全填平这道“沟”。我们鼓励父母在家里创造机会，就某一种喜好、时尚、观念，开诚布公地谈各自的想法。请注意，最好不要随意评价，这需要父母首先做好表率。大家只是谈谈自己的理解、选择的理由和感觉。

这种畅谈的氛围本身就是一种相互接纳。畅谈的目的不是取得一致的看法，也不是谁去说服谁，谁占了上风，而是增进彼此的了解和理解。有了这份了解和理解，亲与子之间就架起了桥梁。桥梁意味着保持沟通的状态。这样的状态可以确保父母与孩子之间既有界限，又相互尊重。

因此，代沟问题处理不好是座山，处理好了是座桥。

（五）学业问题

青春期的学业是人终身学习过程中的一个重要阶段。

无论是外部环境的压力，还是自身的压力感，都容易造成学业方面出现问题，诸如：考试焦虑、错误归因、学习动机不明确、学习兴趣匮乏、学习方法不当、厌学……

以考试焦虑为例。考试前的焦虑是每个学生都会经历的。焦虑情绪本身并不是一种情绪困扰。适度的焦虑有益于注意力的集中和潜能的开发。不管是听课还是课下写作业、自习，都需要保持一定的焦虑。如果一个学生完全没有焦虑，就会导致注意力涣散、学习目标缺失、学习效率下降。但是，过度的焦虑，特别是过度的考试焦虑往往造成注意力分散，无法正常发挥学习效果。也就是说，考试焦虑未必是坏事，我们需要关注的是过度的考试焦虑。

各种放松方法可以缓解考试焦虑，比如：肌肉放松、呼吸训练、积极的自我暗示、自信训练等。

作为家长，如果能分析、判断出孩子考试焦虑的原因，然后采取不同的应对措施，对孩子的帮助一定更加深远。考试焦虑大致可以分为以下三种。

一是情境性的。只要面临考试情境就会紧张，一考完，心情就放松了。有的孩子是一拿到试卷，开始专心答卷，就不紧张了。

对此，帮助孩子做一些放松训练即可。例如，当铃声响起，看见老师整理试卷、准备发放，就有意识地放慢呼吸，吸气的时候鼓肚子，呼气的时候收肚子，同时告诉自己：“这只是一次不能翻书翻笔记的练习而已。”或者，有意识地转移一下注意力，看看窗外的蓝天绿树，感受一下阳光的温暖，检查一下桌子上的笔、橡皮等。假如是在考试时，由于过度紧张而出现思维混乱、大脑一片空白或手脚发颤，应立即停止答卷，轻闭双眼，放慢呼吸，全身放松，反复地暗示自己：“放松”“我很放松”，适当地舒展身体。待情绪平稳时再答题。

二是情感性的。总是担心自己出错，担心自己考不好（每个孩子对自己的学习要求和考试成绩是不一样的），或者担心自己不能保持理想的名次。这在很大程度上跟性格有关。越是追求完美的人，越容易跟自己“较劲”。也许在父母老师或别人看来，他已经很优秀了，每次都考得不错，班级和年级排名总是名列前茅，可他就是觉得自己“还不够好”“可以更好”“可以更完美”。更有甚者，在孩子学习的时候，假如您让他休息一下，出去玩一会儿，会遭到拒绝或生气。

对于这样的孩子，仅做些简单的放松训练是不够的，需要从性格入手，多方面地缓解其内心的自卑感，焦虑就会随之减少和降低。最重要的是，在日常的生活点滴中，父母常常发现并认可孩子的其他优点，让孩子真切地体会到：除了学习，自己还有很多的优点和长处。

三是神经性的。这种焦虑与考试情境无必然联系。它是心因性的，往往是由于情绪紊乱造成的恐慌、失眠、心悸等。这种心理状况反映在学习上，就会严重影响学习和考试的效率。

没有学习过心理学、接受过相关培训的父母，很难捕捉到孩子焦虑的真正原因。所以，最好求助于专业的心理咨询师，以帮助孩子在尽量短的时间里解决问题。

案例

有一个初中二年级的男生，他一看跟学习有关的书，就头晕恶心，忍不住走神儿。每次考试时都趴在课桌上，即使睡不着，也不能看卷子，因为一看就难受。当心理咨询师引导他集中注意力时，他说：“我只能看见自己的鼻子。”一旦让他把视线转移到书本上，他就头晕恶心。

通过自由联想和心理分析，咨询师了解到:他上初一的某一天，在家偷偷上网，搜到一段色情视频。他越看越亢奋，忍不住用手去摸自己的阴茎。突然，爸爸下班回来了。当他听见爸爸开门进来的声音时，紧张极了，匆忙拔掉网线，关闭电脑，假装低头写作业。可是，那一刻，他什么都看不进去，头晕目眩，一阵阵地恶心，心怦怦乱跳。爸爸走进来说：“噢，写作业呢，那你写吧，我去做饭。”

从此，他一看学习的书就难受。后来，这个反应延伸到考试上。

案例分析

该男生学习焦虑和考试焦虑的真正原因是性压抑。

头晕恶心不仅仅是他当时异常紧张的生理感受，也是一种心理感受。对于他而言，头晕象征着“我看不进去”，恶心表达着对自己的厌恶：“我好恶心！怎么能看这种东西！”他对性充满好奇，可又害怕被大人知道；想安心学习，却发现再也无法安心学习。于是，内心冲突了。

他想象中的鼻子可以用来象征男性性器。为什么他学习时无法专心呢？因为他一旦集中注意力，就会忍不住去想跟性有关的东西，而对此，他是不接纳的。所以，他选择了“走神儿”。与其说他回避的是书本，是学习，不如说他在回避对性的好奇。

（六）行为问题

心理咨询与治疗理论认为，任何偏差行为都源于个体对自己需要的扭曲满足。

青春期有许多心理需求，比如：被尊重、被认可、同伴的认同、证明自己长大了、亲密感等。这些需求未被满足或者严重缺失时，个体就会通过自己的方式去寻求满足。

所谓自己的方式，有的是自觉、主动的，有的是在其他同伴的影响下被动接受的，有的是下意识的，有的是受到环境的诱惑。由此，引发了一些行为问题。常见的有：网瘾、打架、出走、偷窃、贪食、厌食等。

以网瘾为例。网瘾的孩子原本有合理的心理需求，诸如，渴望被认可，渴望获得友谊，但由于性格、学习能力、交往能力、外界环境等方面的因素，这些需求没有获得适当的满足，他们变得压抑、自卑、愤怒、失望、懈怠，便沉溺在虚拟世界里尽情地释放自己的压抑和消极情绪。虚拟世界里没有批评、指责和否定，只要遵守游戏规则，就会熟能生巧，越玩儿越顺利、越成功，甚至能够得到某种奖励，这种人机互动可以部分地满足心理需求。由于沉溺于网络而逐渐疏远学校、疏远家庭、疏远同学，学习和交往都会严重受阻，越来越与现实世界隔离开来，也就更不可能在学习或能力方面得到认可，在同学当中交到朋友，只好“退缩”回虚拟世界，“享受”那并不多的快乐和满足。于是，恶性循环……

如果家长和老师能够透过孩子的表面行为，体会到他们内心深处的自卑和孤独，帮助他们通过正常的渠道满足需求，主动地认可他们值得认可的地方（比如：聪明、反应灵敏、有一定的意志力等），主动与他们构建温暖的关系，让他们在现实世界里切实感受到被认可和温情，慢慢地就会回归现实。

（七）父母自身的问题

通过大量的临床案例，我们了解到，大多数父母还没有完成他们自己的青春期旅程。因而，很难让这些父母帮助处于青春期的子女学会那些他们自己仍然没有学会的东西。

父母很难将自己儿时未曾得到的东西，给予自己的孩子（这里主要指精神层面的东西，诸如，被尊重、被认可、被接纳、被理解等）。即使父母不准备从深层去解决这些问题，不去接受专业的训练或者心理咨询，至少，父母们可以在孩子面前勇敢地承认自己的不足和局限，并且，把这种坦诚和勇敢当作诚实和自尊的表现。几乎所有的心理咨询师都会告诉您，我们从未看到父母会因此而在孩子的心里失去信用。恰恰相反，坦诚的父母往往因此收获到更多的信任与尊重。

当孩子步入青春期，父母需要格外提醒自己，在以下方面注意妥当处理：自己的所作所为；认知偏差（如偏见、歧视、片面、太过主观等）；家庭关系；家庭冲突；忽视责任感与独立能力的培养；当着孩子的面批评老师，批评学校教育；等等。

面对青春期的孩子，父母不得不放弃“控制”的角色，而变成“指导”的角色——能够提供更多有帮助性的指导。

如果您已经意识到自己的某些教养方式确有不妥之处，那么我们相信，您仍然是好父母！想补偿孩子吗？很简单：

补偿孩子的最好方式是更好地去照顾孩子！

为了方便父母们更好地照顾孩子，这里提供一个小练习。

意象对话小练习

愿望商店

这个意象对话练习，能够帮助父母了解孩子的真实愿望。需要的话，还可以适时进行价值观教育。研发者：意象对话心理师曹昱。

第一步，引导孩子舒适地坐好，闭上眼睛，放慢呼吸。

第二步，引导孩子进入想象，说指导语：“想象你走进一家神奇的商店，它叫愿望商店。店里摆放着许多抽屉，每个抽屉里都有一个愿望，你只能选一个，并且要去交换。体会一下，你选择的愿望是什么？你准备用什么去交换？”

第三步，无论孩子在想象中选择了什么愿望，无论您对他想象出来的愿望意象了解多少，都鼓励孩子把想象的内容全部说出来，千万不要有任何的指责、批评、嘲笑、打击等。（这一点非常重要！）

最后一步，引导孩子放松身体，睁开眼睛，说一说睁眼后看见周围有什么具体事物，以保证孩子脱离了想象情境，身心合一地回到了现实情境。

场外指导

这个意象互动可以帮助孩子进行人生的取舍，既理清当下的思路，帮助自己做出有觉知的选择，还能够呈现自己想要的未来。因此，它的心理意义是，增强孩子的现实感和自我责任感。

在现实生活中，任何愿望的实现都需要一定的付出和努力，这就是价值体系的交换。在内心世界同样如此。例如：孩子在想象中选择用手表去交换抽屉里的金砖，这意味着他希望通过付出时间而获得财富。

三、青春期的性教育

严格地说，性教育包括四个方面：性知识；性心理；性道德；性法律。这里，我们更多探讨性心理。

（一）青春期是性的印刻期

这个时期的性态度影响以后的性态度，进而影响人格的发展和未来生活。青春期有一些常见的性心理困扰。

1. 性认知偏差与性冲动困扰

（1）性认知方面的偏差

很多青少年把“性”看成是下流的、肮脏的、低级的、难以启齿的污秽东西。也有人过于强调性的生物性，以为性行为的“解放”是终极的人性解放。这些观念偏差往往导致不健康的性情感和性态度，表现为焦虑、烦躁、厌恶、矛盾或冲突，较严重的会出现失眠、注意力不集中、抑郁、不愿或不敢与异性交往，还有人直接表现为性行为的放纵。

在心理学看来，符合科学、合乎自然、合乎社会规范的性观念才是健康的。健康的性需求或性动机只有一种——互爱。这样的性行为是美好的。

通俗地说，如果在合适的时间、合适的年龄，遇到合适的人，性和天堂一样美好；但如果在不合适的时间、不合适的年龄，遇到坏人，性会让人觉得像地狱一样可怕。

（2）性冲动的困扰

所有生理发育正常的青少年都会出现性冲动。这本是无可厚非的正常现象。关键是，自己能否接受性冲动以及如何应对。适度的性压抑，反映了一个人的性心理成熟度，既是社会化的需要，也是人类进步的需要。但是，过度压抑，强迫自己完全回避与“性”有关的内容和欲望，则会引发心理失调，有害身心，可能成为性病态、性倒错、甚至精神病的诱因。

（3）手淫的罪恶感

手淫又称自慰，是指通过人为的方法（手或其他物体）刺激生殖器官，以取得性快感，获得性满足的行为。这是性冲动的发泄方式之一，也是一种性的补偿行为。

适度手淫并无害处。适度手淫也不影响性功能和生育功能。一般地，自慰之后有一种欣慰感，体力充沛，精神愉悦，学习和工作都不受影响，就是适度。若沉溺于此，不管时间、地点和体力，常感疲劳，身体、情绪、学习或工作受到影响，则为过度。

我国一些心理学工作者和性学研究者专门做过关于大学生性心理的课题研究，结果发现，很多大学生认为手淫有伤身体，会导致阳痿、早泄、性功能衰退等，认为自慰行为是下流的、可耻的，甚至有罪恶感。手淫已成为困扰大学生的主要性心理问题之一。

实际上，自慰的危害性并不在于行为本身，而在于当事人的态度。诚然，这不是说，自慰是青春期必需的，更不是说自慰可以无度。而是强调，父母和孩子都需要有一个自然的、正确的态度，同时，注意保持健康的卫生习惯。譬如，平时不穿紧身内裤；经常清洗内裤；经常清洗阴部；睡觉前不看或少看与性有关的书刊、视频等。

（二）遗精恐惧与月经期烦恼

1. 遗精恐惧

遗精是一种生理现象，是男性生殖腺开始成熟的标志。首次遗精的年龄一般在14～16岁，到18～20岁精子制造达到高峰，

“精满则自溢”。遗精没有规律，也没有绝对的标准。当代医学认为，遗精在某种程度上可以解除男性体内的紧张，促进生理平衡。

但是，如果遗精过于频繁，一夜数次，或者一有性冲动甚至没有性冲动，精液就外流，应立即去医院检查。生殖器若出现明显异常，从未出现过遗精，应及时前往正规医院的泌尿科就诊。

有些中学生和大学生由于缺乏对遗精的正确认识，以为精液外流定伤“元气”，会“肾亏”，一旦出现遗精，就非常苦恼，感到不安、羞愧、厌恶、恐惧等，甚至有个别男生为此切断阴茎或自杀。

2. 月经期烦恼

月经来潮是一种正常的生理现象，是女性进入青春期的标志。月经期间，大脑皮层的兴奋性下降，全身以及生殖器官局部的防御功能都会发生暂时性的减退，所以，女性在经期容易感到疲劳、容易受凉感冒。加之，有的女性对月经怀有害羞、厌恶、恐惧或排斥的心理，认为做女人真“倒霉”，“月经不干净”，外在环境的一些不良刺激，就会加重其烦躁、紧张、抑郁的情绪，从而导致不同程度的月经失调，甚至引起痛经或闭经。

因此，女生需要保持经期的生理卫生和健康心态。诸如，了解自己的经期周期、规律、特征；提前预备卫生用品；消除不良暗示；有意识地保持心情愉快；做一些运动量不大、能让自己开心的活动；等等。

3. 性特征过虑与性行为失当

（1）性特征过虑

我们每个人在经历青春期时，都会关注到与自己性别相关的各种特征。长相、身高、胖瘦、乳房大小、生殖器官的发育状况、男性气质、女性气质……

以女孩为例。对于性发育，不同女孩的态度不一样。有的女孩对此感到很高兴、很喜悦，有的则感到害羞、不安，也有女孩会故意微微驼背，好不让人注意到自己的胸部变丰满了。

面对性特征的出现，发育正常的女孩都会对性产生好奇，想知道性是怎么回事。性到底是好，还是不好？为什么人间最美好的事情，比如浪漫的爱情，和性有关？而最可怕的事情，比如强奸，也和性有关？

面临这些困惑时，如果缺乏科学知识和正确引导，就容易陷入焦虑的旋涡，从而影响情绪，影响心理健康，也影响审美观和婚恋观。

（2）性行为失当

性行为失当主要指婚前性行为。尽管婚前性行为已成为普遍的社会现象，但是，考虑到青少年的身心健康和道德发展，还是不宜提倡的。这个问题会在下面“青春期的两性交往”中进一步探讨。

另外，还有一些性心理偏差行为值得关注。例如，窥视、恋物等。这些行为若没有得到及时矫正，有可能恶化为性心理障碍，比如，窥阴癖、恋物癖、暴露癖、性虐待狂、性受虐狂等。许久以来，这些问题都被视为道德问题，其实，它们是典型的性心理异常。仅仅通过药物、电击或法律制裁的方式，是很难根除的。

（二）青春期的两性交往

青春期的两性交往过程是有变化的。

一般来说，刚刚有异性意识的时期，是一种朦胧的性意识，女孩常常会对男孩有些疏远。在14～17岁，两性之间会有亲近感，也可能会对某个异性产生爱慕之心。到了18岁以后，就尝试着真正恋爱了。

青春期的两性交往在深度和性质上有很大差异。简单说来，可以分为六种。

1. 无性意识

两个人之间是单纯的倾慕，没有性的意识，没有性的欲望和冲动，注重情感的交流。

2. 有性意识

虽然有性的意识，但两个人都很自律，更看重精神交流，彼此尊重，彼此信任，没有与性有关的具体行为。

3. “拉拉小手”

出于相互的喜欢和好感，在交往当中会拉拉手。行为上的亲密程度停留于此。

4. 边缘性性行为

比“拉拉小手”更加亲密，彼此拥抱、抚摸、亲吻。

5. 实质性性行为

两个人发生性交行为。

6. 伤害性性行为

在性交关系中，给女孩带来不同程度的伤害，如怀孕、性侵犯、性病等。

（三）家长进行性教育的原则与态度

性教育最重要的，是建立正确的性观念和性态度，形成健康的生活方式。因此，它既包括生理层面，也包括心理层面、社会层面；既包括科学、系统、规范的性教育课程，也包括个案的心理咨询与心理治疗。对于家长来说，最需要、也能够做到的，就是坚持性教育的原则和态度。

1. 健康的性态度

人到了什么年龄，就有什么年龄应该知道的事情。

有些父母不愿多说，也许是难以启齿，也许是担心“过早”启蒙，也许是不想让孩子知道男性对女性可能造成的性方面的危害（生活中不乏男性遭受性伤害的事件）。但是，这么做会带来一些坏处。

当青春期的孩子不知道这些时，父母和老师会很担心，可是又从来不明明白白地说清楚，孩子只是隐隐约约地觉得和性有关。

师长的这种模糊态度，也许会让孩子觉得，凡是跟性沾边的事都是不好的。而事实上，孩子的父母、老师和长辈都有性的行为。

因此，父母需要让孩子知道，当年龄够大的时候，当双方彼此相爱的时候，性是美好的。生活中有少数人的性心理是不健康的，是肮脏的，会给别人带来伤害。孩子应该学会分辨。为了帮助孩子学会分辨，他们有必要知道哪些行为是不好的、危险的，并且，有必要了解性病和艾滋病的相关知识。

2. 自我保护意识

很多父母都听到过孩子的抱怨，抱怨父母管得太严、太多，像警察一样盘问自己的一举一动，像小报娱记一样给自己贴上早恋的标签，像泼妇一样说很难听的话……

对此，父母也很委屈，说到底，不就是担心孩子走弯路、受伤害嘛。其实，保持警觉十分必要。但是，与其每天紧张兮兮，被孩子反感，不如确立孩子的自我保护意识，提高自我保护能力。

第一，打破“二分”思维，学会分辨。

孩子年纪很小时，思维简单，父母可以少讲坏人坏事，以免他们产生误解，以为男人大多很坏。如今，孩子的思维能力成长许多，能够理解比较复杂的事情，就要顺势打破他们儿时非黑即白的“二分”思维，学会分辨：人不是简单地以“好”“坏”来区分；带来性侵害的不一定是陌生人。

第二，勇敢和机智是自我保护的关键。

让我们的孩子知道，遇到性侵害时，态度上要勇敢！行动上要机智！

实施性侵害的人，特别是那些实施性骚扰的人，内心往往自卑、胆小。他们做贼心虚，知道自己做的是不道德的、卑鄙龌龊的事情。如果他们自信、勇敢，就会大大方方地跟成年人谈恋爱，就会用健康的方式去追求幸福，而不是欺负别人、占别人的便宜。所以，面对这类人，自己越“不好意思”，越忍受，越惊慌失措，他们越“胆大妄为”；只要自己的态度勇敢一些，他们的胆小就会暴露出来，是有机会避免伤害的。

自我保护是需要能力的。面对危险时，沉着机智很重要。

如果只有勇敢，像有些专家说的，遇到性侵犯时，要抬起腿来猛踢对方的下体，趁对方疼得弯下腰时，再用自己的肘部狠狠地捶他的背部或颈部。或者，用头猛撞对方的鼻子，趁他松开手的瞬间，再怎样怎样……理论上，这些武力自卫的方法应该管用。而实际操作上，对于很多普通的年轻女孩来说未必管用，弄不好还会引发更严重的伤害。

具体的自助技巧涉及预防、反抗、逃生、遇害后疗伤等很多方面，本书无法在此详述，请父母参见相关著述，结合自己孩子的身体情况、性格特征、心理素质、生活状况，传授相应的自我保护技能。诸如：不要贪小便宜，在外面不要轻易接受异性的邀请和馈赠；书包放在胸前；遇到性骚扰时要有明显的自我保护动作（例如，在公共场合大喝一声“流氓!”“滚开!”用坚定而不可侵犯的目光直视对方，用手肘用力拓展自己的空间，用铅笔盒等硬的东西硌在对方身上等）；拒绝求爱时不要选择僻静的地方，尽量心平气和，保护对方的自尊，言辞激烈可能引起对方的报复心理；远离危险环境（比如，舞厅、酒吧、其他一些娱乐性场所）；遇见露阴的男人，不要尖叫，不要理睬他，尽快在附近寻求帮助，抓住他；一旦发现异常，及时报警；半夜遭遇性侵犯，而又处于有人居住的环境时，大声喊："着火啦！""救火啊！"而不是喊"救命啊！"不幸遭受性侵害时，一定要尽快告诉父母，除了采取法律手段惩治罪犯之外，最好能够主动求助心理咨询师，减轻精神痛苦，等等。

第三，坚决拒绝成年色魔。

我们的孩子大多是在"听话"教育下长大的。很多孩子习惯于听父母的话，听老师的话，听医生的话，听成年人的话，听长辈的话。

父母需要让孩子明白——听话也是有底线、有原则的。可以告诉孩子：当成年人做了不该做的事情时，管他是家里的亲戚、邻居，还是父母的同事、朋友，还是老师、医生……不管是谁，也不管他们用任何的理由，都不可以随便触摸自己的身体，尤其是隐私部位。只要孩子自己感觉不对劲，不舒服，就一定要拒绝！假如某老师说，"你要是不让我摸，我就让你考试不及格。你要是敢告诉你爸妈，我就……"千万不要害怕！不但不让他摸，还要告诉父母。

温馨提示

1. 希望您的女儿在刚刚步入青春期时，能够读一读朱建军教授的《少女自卫手册》。
2. 国内首家性伤害心理援助热线："四月天"少女性伤害心理援助热线（010—62338556）。

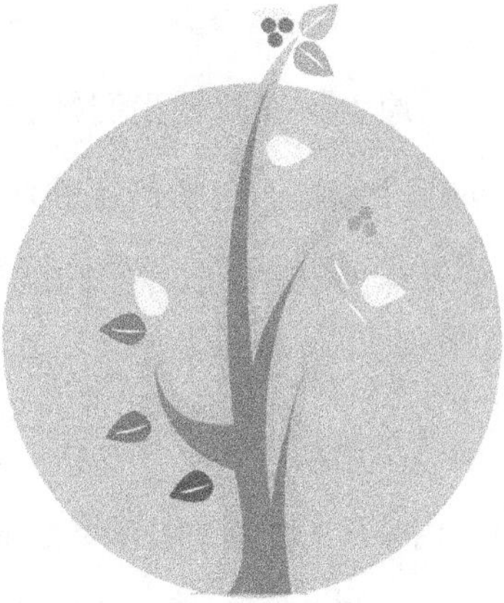

第六章

原生家庭构筑四种人生态度

原生家庭就是我们每一个人来到这个世界上，抚养我们长大的那个家庭。包括传统的双亲家庭、单亲家庭、只有祖父母或外祖父母的家庭、收养家庭以及其他形式的抚养机构。

原生家庭对于一个人的人格发展至关重要，其中，起主导作用的是抚育者的教养方式。为了行文的方便，本书中使用“父母”一词来代表所有的抚育者，但同时，更为强调狭义上的“父母”。

所谓教养方式，是指父母对子女的教育抚养态度和行为的表现类型。诸如，有的父母对孩子过分干涉，有的父母对孩子过分保护，有的家庭民主，有的家庭专制，可以分为严厉型、溺爱型、成就压力型、积极型……

原生家庭的氛围不同，教养方式不同，构筑出四种不同的人生态度。对此，美国著名心理学家托马斯·A.哈里森博士在著作《我好！你好！》（*I am Ok, You are Ok*）中进行了详尽的阐述。这里，我们简要地介绍一下。

如果您足够真诚和勇敢，希望您在阅读以下内容时“对号入座”——既了解自己的人生态度，也思考您为孩子建构了怎样的人生态度。

一、我不好——你好

无论幼年生活幸福与否，无论父母给予的爱多与少，无论父母采取了怎样的教养方式，几乎每一个孩子都曾认定“我不好”。当提到父母时，常常觉得还是“你们好”。渐渐地，“我不好——你好”的人生态度成为我们一生当中最早期、最宿命的结论。

“我不好——你好”是一种普遍性的早期态度。化成一句话，就是“无论我做什么，我都是不好的”。道理很简单，因为婴儿如果得不到拥抱和喂养，得不到最低限度的抚爱和关心，就很难活下来，由此产生“不好”的感受，成为婴儿的自我评价。当得到抚爱和关心时，产生“好”的概念。

在婴儿出生后的第一年里，很容易积累出“不好”的感受。长大以后，就带来了一个问题：为了得到他人的抚爱和认可，我该做些什么？

通常有两种方法。

方法一：证实这个“不好”。要么远离那些所谓“好”的人们，跟这些“好”人待在一起太痛苦了。要么破罐破摔，反正不管我做什么，你们都看不上眼，既然你们老说我“不好”，那我就做个“不好”的孩子吧。

方法二：总是乐意顺从别人的要求。持有这种人生态度的人需要大量的抚爱和赞赏，而自身是自卑的，无助的，自己很难满足自己，所以，可以通过努力满足别人的方式来赢得自己想要的。

实际上，如果我们没有学会自我认可，心底始终是不自信的，就算周围所有的人都赞赏我们，我们还是觉得“我不好”，至少“我还不够好”。

二、我不好——你不好

婴儿长到1岁左右的时候，将要学习一件非常有意义的事情：走路。

走路意味着开始迈开双腿，独自行走自己的人生道路。这是好事，但婴儿需要为此付出一个代价：不再需要被别人抱起来了，被人照顾、被人抚爱的生活似乎要“结束”了。

在孩子1岁以前，如果母亲缺乏耐心、态度冷淡、关爱不够，孩子就会觉得世界凄冷，好像“外面空无一人”。他一旦学会了爬，就会试图通过爬行扩大自己的生活空间，探知外面的一切。可是，如果母亲经常训斥他，嫌他不能老老实实地待着，甚至受到比较严厉的惩罚，他会觉得自己身处逆境。

1岁以后，孩子开始学走路了，如果母亲依旧没有改变冷淡的态度，孩子会感觉自己惨遭遗弃，再也得不到渴望已久的抚爱，内心备感绝望，甚至放弃自我，“外面空无一人”的凄凉感受再度加重。同时，也认定“你不好”。这与之前遗留下来的“我不好”，构成了“我不好——你不好”的人生态度。

任何一种人生态度一旦形成，就会被用来解释所有的经历。

“我不好——你不好”的糟糕态度，驱使孩子拒绝所有人的爱，哪怕周围有人真心爱他。如此长大的孩子，执拗地不肯使用成人意识，心理年龄似乎停在了人生的初始阶段。

仔细体会一下，就能够理解持有这种态度的人了。在他们才一两岁的时候，连妈妈都缺乏温暖和耐心，连妈妈都不是真心地爱他们，这个世界上还有谁值得信赖呢?

最典型的例子就是儿童孤独症了。

1943年发现这种心理疾病，当时被称为“情感接触孤独障碍”，现在也叫“自闭症”。自闭症与智力、性格无直接关系。其典型特征有：语言障碍、刻板行为、拒绝交流等。世界名人中不乏自闭症患者，爱因斯坦、凡·高、牛顿……

英国国家自闭症协会统计，英国自闭症患者目前已达创纪录水平，每110个人中就有1人患自闭症，与30年前相比，增加了15倍。中国自1982年首次在南京报道4例儿童自闭症以来，目前至少有180万患者，其中儿童自闭症大约有40万。全国残疾人普查情况表明，儿童自闭症已占我国精神残疾首位。

在现实生活中，有些父母没有注意到孩子早期的自闭倾向及其症状，也没有及时就医，因此，错过了最佳治疗期（3~4岁）。还有些家庭出于所谓“面子”的考虑，虽然发现了孩子的异常表现，但不愿意承认，也不去就诊。

为了帮助有需要的家庭尽早识别儿童自闭症，尽早就医，我们借此列出“自闭症小测验”。

以下的18种行为就是自闭症的早期表现，如果发现孩子同时具备以下7种行为，就应该怀疑他有自闭症倾向了。

1. 对声音没有反应

2. 难于介入同龄人

3. 拒绝接受变化
4. 对环境冷漠
5. 鹦鹉学舌
6. 喜欢旋转物品
7. 莫名其妙地发笑
8. 抵抗正常的学习方法
9. 奇怪的玩耍方式
10. 动作发展不平衡
11. 对疼痛不敏感
12. 缺乏目光对视
13. 特别依赖某一物品
14. 不明原因的哭闹
15. 特别好动或不动
16. 拒绝拥抱
17. 对真正的危险不惧怕
18. 用动作表达需求

三、我好——你不好

长期被父母虐待、凌辱的孩子，会转向第三种人生态度："我好——你不好。"

自幼年开始，他们严重缺乏父母的抚爱，常常遭受毒打或欺凌，甚至被摧残得遍体鳞伤。早在生命之初，他们认为父母是“好”的。可是，严重而痛苦的伤害迫使孩子不得不自我疗伤，有如受伤的老虎独自趴在草丛里舔伤口。很快他们就发现，“我单独待着的时候是好的”，能够体验到一丝舒服的感觉。特别是刚被毒打和暴虐之后，独处的安宁与剧烈的疼痛相比，几乎可以让孩子感受到“死里逃生”的快慰。

这个时候，最早期的“我不好”会变为“我好”。当残暴的父母又出现时，孩子就会意识到“是你伤害了我！”“我自己待着挺好”“都是你们不好！”“都是你们的错！”“我好——你不好。”

随着年龄的增长，他们不但拒绝屈服，而且奋起反抗。用什么方式去反抗呢？最熟悉的当然是自己常常经受的各种粗暴行为，他们非常了解如何做到残暴和凌辱。纵观国内外精神变态的犯罪案件，我们总能看到一个共性：这些罪犯在童年早期都曾经遭受过严重的暴虐和凌辱。

诚然，早年的受虐经历并不必然导致一个人变成残忍的罪犯。很多人在幼年时期也遭受过摧残，但是他们后来成了优秀的警察、军人、消防队员、医生……他们格外懂得怜香惜玉、与人为善。请别忘了，人是有自由意志的。每个人的自我康复能力也迥然不同。

四、我好——你好

前三种人生态度都是在儿童早期产生的，是无意识的，依赖于情感。大约到3岁的时候，其中的某一种态度在每个儿童的身上固定下来。

“我不好——你好”来得最早。它在大多数人那里持续终身。对于那些饱受不幸的孩子，这个最早的态度转变为第二种和第三种：“我不好——你不好”，“我好——你不好”。

第四种态度“我好——你好”与前三种截然不同。它是有意识的，可以用语言表达，依赖于思索。我们很难不知不觉地进入这种充满希望的、新的人生态度里，因为我们必须主动选择！这也正是值得庆幸的事情，它竟然可以重新选择！

通过前三种态度的“对号入座”，我们了解到自己在幼年时代遇到的心理困境，真诚的读者甚至体会到当年的苦楚，这样就能理解，为什么我们是今天的样子。接下来，也就有机会知道，自己对于孩子的教养方式来自哪里，他们可能会被引向何方，我们是否需要修正自己？

我们无法改变过去的事情，却可以选择新的、更积极、更健康的人生态度：“我好——你好”！

人生脚本就藏在我们3岁以前的生活里。第一稿是在1岁的时候打下的。因此，我们需要觉知过去。

觉知过去，是为了明白当下；明白当下，是为了改变“未来”。倘若我们对于过往置之不顾，“未来”只能是过往的重演。

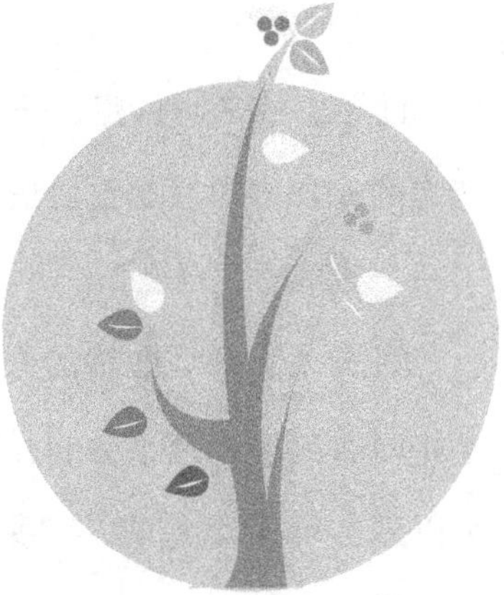

第七章

原生家庭孕育心理问题

世界上越来越认定，一个人18岁以前长成什么样子，是父母造成的；18岁以后是自己造成的——各色各样的人生经历积累成了一个独特的“自己”。

例如，依赖型性格的人，时常在好坏与善恶之间自我困扰。童年时看电影，孩子会问：“妈妈，这个人是好人还是坏人？”长大以后自问：“我好吗？”“我坏吗？”

假如父母只教给孩子这种“二分法”，他长大以后就很难摆脱这种“二分”思维，也常常用“我可爱吗？”“我令人讨厌吗？”之类的问题来折磨自己。所以，他一开口，大家便觉得很幼稚，说他“长不大”，好像只有五六岁的样子，虽然他的生理年龄已经二三十岁了。

“长不大”是因为依赖从前，依赖父母，依赖这种好坏的判断。越成熟的人越没有这种困扰。因为成熟的人会告诉自己，无法只用“好坏”来区分人。一个人这件事情做得不好，不代表他整个人都是坏人。

又如，控制型性格的人，时常在对错、聪明愚蠢、坚强软弱之间徘徊，从而陷入另一种自我困扰：“我做的对吗？”“我错了吗？”“我聪明吗？”“我是不是很愚蠢？”“我坚强吗？”“我软弱吗？”这也是一种“二分法”或“两极化”。

实际上，我们懂得越少，越敢说对错；懂得越多，越不敢说对错。原因很简单，越成熟的人越知道，这个世界是辩证的，对中有错，错中有对，同中有异，异中可以求同。情绪也随之越趋平稳。

再如，竞争型性格的人，时常在有价值与无价值之间怀疑自己。他们喜欢自问："我是男子汉吗？""我是真正的女人吗？""我成功了吗？""我是不是很失败？"

这里不妨以钞票和电脑为例。人类发明钞票是为了买东西方便，然而，太多的人已经沦为钞票的奴隶。请问：发明钞票有价值吗？人类发明电脑是为了信息的存储、计算和传递等更加便捷，但是，有些人由于过度沉溺和使用而死在电脑前。请问：发明电脑有意义吗？……这些问题可以简单地回答吗？

以上这些"二分法"的极端划分，常使我们情绪波动，也潜移默化地影响到子女的人生观和价值观。

当孩子考试不及格时，他心里原本是有压力的，你一骂他，说不定他就没有压力了。很多家长经常问孩子考几分，考好了不夸奖，考砸了就批评，久而久之，孩子会认定"我是为你读书的"。所以，一毕业就把书本全烧掉、扔掉。这样的孩子大学毕业以后，很可能不再看书，因为他已经烦透了。

因而，当我们发现孩子出现某些问题或者不良习惯时，首先要做的是——勇敢地低下头来看自己，看看我们的夫妻关系是否出了问题，看看教养理念或者教养方式是否出了问题。

一、精神遗传的发生

遗传是指基因特征从父代到子代的生物传递，表现为前后代在生理、行为等特征上的相似性。

我们知道，有一些生理疾病是通过遗传发生在后代身上的。例如，先天愚型、先天性聋哑、血友病、多指（趾）、强直性脊柱炎等，它们被称作遗传性疾病，简称遗传病。遗传病多为先天遗传，后天发病。孩子从父母亲那里接收到已经发生突变的遗传物质（染色体、基因），于是引起相应的疾病或缺陷。这种遗传因素（致病基因）按照一定的方式传给下一代，下一代就可能发生遗传病。

值得注意的是，近些年来，涌现出越来越多的“奇怪”病例。医学上公认的遗传病开始出现在无遗传病史的家族里，并且，呈现出低龄化的趋势。

这里仅以糖尿病为例。糖尿病是一种常见的慢性非传染性疾病，其发病与遗传、肥胖、不良生活方式等因素相关。截至2011年年底，中国已成为全世界糖尿病患者数量最多的国家，总数达9200万人，低龄化趋势严重。仅在河北医科大学第一医院，20岁以下的糖尿病患者目前已占到该院糖尿病接诊患者总数的十分之一，而收治年龄最小的一名糖尿病患者只有4岁。由于缺少防治糖尿病的意识，许多青少年糖尿病患者就医时往往已伴有较严重的并发症。据悉，糖尿病已成为一种较常见的小儿内分泌疾病之一。我国年龄最小的患者（据可查找的资料）仅有3岁（非先天），且糖尿病患儿在快速增长。因此，医学专家建议，预防糖尿病应从娃娃抓起。

糖尿病是一种内科疾病。健康心理学研究发现，人类60%～90%的内科疾病，都不同程度地受到了心理因素的影响，譬如，人格特点、情绪、压力应对方式等。大量的糖尿病患者显示出比较相似的心理因素：性格固执；极度渴望某种情感，或者说，某种情感极度缺失。

人是心理性的社会生物。

身体健康尚且受到心理因素的影响，那么心理健康呢？其实，不仅生物特征可以代际遗传，个体的性格特点、价值观、生活风格等也可以通过家庭氛围和教养方式传给后代，我们姑且称之为精神遗传。

孩子从父母那里接收到健康的爱，比如，无条件接纳、喜爱、理解、尊重、认可，等等，孩子自然容易形成健康的性格、人生观和价值观。

倘若父母给予的爱掺杂着不健康的成分，比如，有条件的爱（考了双百才带孩子去动物园玩儿），只关心孩子的学习成绩，缺乏认可与尊重，忽略亲子之间的情感沟通，等等，孩子就有可能形成自卑的性格，长大以后对于“优秀”“成功”“被认可”“被尊重”这些方面比较敏感，也会直接体现在他的人际交往当中。

假如父母给予的爱掺杂了较多、较重的不健康成分，比如，严重缺乏关爱，经常打骂或讽刺挖苦，总是忽略或忽视孩子，一不高兴就拿孩子撒气，夫妻之间常常冷战或吵闹……孩子的性格、人生观、价值观或婚恋观就会受到较多的消极影响。当然，这并不必然造成心理问题，只是与其他比较健康的家庭相比较，这种家庭氛围和教养方式形成心理问题的概率或倾向性更大一些。我们永远也不要忽略个体的自主意识和精神康复能力。

不健康的爱会带来获取爱的不健康方式。这是原生家庭带给孩子最深刻的精神遗传。

根据心理咨询经验和自我成长体验，苑媛在2006年出版的《自我接纳与意象对话》（另一个版本为《乌云遮月心朗朗》）一书中，将获取爱的不健康方式划分为6种：吐血型、吸血型、讨要型、瘾症型、顺从型和自恋型。

时过8年，作者学到一些新的知识，有了一些新的思考，想在本书中与各位分享。希望我们能与家长共同成长！

人类有一个普世的终极问题——“存在焦虑”——证明“我”的存在，并企图永恒存在而不死不灭。

在这一点上，所有的人都受其所困，无不有意识或无意识地通过各种途径和方式，证明自己的存在，证明自己存在的价值和意义。不但个体如此，社会组织、民族、国家，皆如此。

本书重点关注父母群体和亲子关系。所以，关于社会组织、民族和国家的“存在焦虑”，此不赘述。

爱，有不同的范式。一个人在内心深处对爱持有怎样的态度和信念，最早起源于孕育者——母亲。出生之后所赖以生存的原生家庭，则在很大程度上强化着这个态度和信念，也可能改变了它。

这个态度和信念直接影响着我们需要什么样的爱；为了得到它，我们在做些什么；如此的方式带给我们怎样的影响。无论如何选择，无不渗透着原生家庭的色彩与特点，因而，它很可能是代代相传的。

1. 吐血型

“吐血型”只是一个象征性的说法。它代表付出和奉献——无我的付出、无尽的奉献。这种方式犹如安徒生笔下的美人鱼，由于对某种情感的强烈渴求，而依靠无底线、无自我、甚至无原则的全身心付出，去获得对方的爱。

想一想，您是否认识这样的人？抑或，您自己就是这样的人？

儿时为了得到父亲或者母亲的认可，力争乖巧、懂事，看着父母的眼色行事；上学后努力学习，力争第一，只为博得他们一笑；工作后勤奋进取，从不敢对领导和同事说“不”，只为赢得他们的认可……但是，不论怎样努力奋斗，似乎依然对自己不满。直至有一天，发现自己已经变成一个追求完美、神经紧张、不敢“奢”求任何情感回报的人。即使如此，仍然忍不住暗暗地指责自己：“唉，我怎么还不够好呢?”甚至，在您读到这一段时，竟然还没察觉到，您的心底已积压了太多太多委屈的泪水……

在吐血型的人看来，我被爱，是因为我爱了；要想获取爱，我必须付出爱。其积极意义在于，这样的人勇于付出，敢于承担（可以不计后果，哪怕是自己的生命），行动力强，情感细腻，善于体察和包容别人，容易得到周围人的信任与积极评价。他们所要付出的代价是，压抑自己的深层情感，因过于替他人着想而不同程度地迷失自我，为别人而活着。

尽管在行为层面，“吐血”要比“吸血”高尚许多，也比“讨要”自尊许多，但是，我们仍然认为它是一种不健康的获取爱的方式。“有毒”成分如下。

（1）无自我

“自我中心”在心理学领域并非一个贬义词。适当的自我中心是心理健康的关键要素之一。过度的自我中心则是日常用语中的“自私”，完全不顾及别人的利益和感受。吐血型的人基本放弃了自我中心，通过“舍”来“得”，将太多的心理能量投注于外界，凭借他人取向来进行自我评价乃至采取行动。在付出的过程中，更多关注对方的满意度，容易忽视或压抑自身的真实感受与需求。

例如，只要孩子高兴，怎样胡作非为都行，甚至上赶着为孩子扫清障碍、打理“后事”；只要丈夫不离婚，甘愿忍受与丈夫的情人共处一室。此种情形下，还有底线和原则可言吗？还有责任和尊严可言吗？

（2）不求回报

作为一个普通人，希望通过自己的真心付出获得某种情感回报，这本无可厚非，虽然不如大义凛然、大公无私那般高尚，却也是再正常不过的。

“求回报”本身没有问题。问题在于，吐血型的人常常“忘了”这一点，误以为自己不需要任何回报。行为方面，他们确实比其他人更加高尚，更加善良，确实有勇气源源不断地付出爱。然而，当他们深刻体验到回报缺失的时候，心底就会升腾起浓重的愤怒和委屈。即使忍不住抱怨对方，也不忘说一句："我这么做是自愿的！"

可见，不求回报不过是一种自我欺骗，以便在缓解了无奈与无助之后，将"吐血"行为进行到底。

我们该如何区分"吐血"与真正的高尚呢？

"吐血"者在付出之后，很多时候内心是不安的或者疲惫的，因为他们不知道这么做能否得到别人的喜爱或认可。高尚者在付出之后，内心往往是充盈的、踏实的，没有什么不安，不管对方做出怎样的回应，他们都很踏实，也会因此更有资源感，整个生命是流动的、丰盈的、充满生机的。

（3）与吸血共生

"吐血"与"吸血"貌似对立，实为共生。当一个人长期压制自己的回报需求时，心中会觉不安，因为感觉自己不好，或者不够好。自卑心理更加严重的人，会在潜意识里不断地提醒自己："我不配！""我不敢要！"

一方面是自卑的，要求自己必须努力付出；另一方面却是愤怒的，"为什么我总是得不到我想要的爱？！"因而，吐血者善于下意识地被动攻击（被动攻击是一种常见的心理防御机制，目的是为了缓解内心的焦虑，保护自我），用唤起对方内疚感的方式去控制对方以及彼此的关系。这就促成了"吐血"与"吸血"共生的内在机制和内在动力。

深入体会吐血型的人，感觉他们酷似"献祭者"。

优秀的心理咨询师及意象对话心理师曹昱老师，曾以原型意象的视角，对“献祭者”进行了深刻的探索。请允许我们在这里分享她的智慧，以期为您带去更深邃的想象和感悟。

在探讨“献祭者”原型意象之前，先简要介绍一下原型理论。该理论由著名的瑞士心理学家卡尔·古斯塔夫·荣格（Carl Gustav Jung）提出。在他看来，人类世世代代经历的事件和情感，最终会在心灵上留下痕迹，这痕迹可以通过遗传进行传递。他把这种遗传的原始痕迹称为原型（Archetype）。原型本身不是具体的形象或意象，而只是一种潜在的倾向。“人……并不需要通过经历黑暗或与蛇的遭遇而习得（对黑暗和对蛇的）这种恐惧，尽管这些经历和遭遇会强化或者再次证实他的这种倾向”。（卡尔文·S. 霍尔，沃农·J. 诺德拜著，张月译，荣格心理学纲要，郑州：黄河文艺出版社，1987年7月，33页）

但是，原型可以通过一种具体的形象或意象出现。例如，“智慧老人原型”代表人类的原始智慧和直觉智慧，其核心特质是：年纪比较大；睿智；沉稳淡定；直觉能力强；深深懂得人生与世界；善于运用智慧化解困难与险境。“智慧老人原型”在希腊是雅典娜女神的形象；在希伯来人那里可能是先知的形象；在中国可能是老寿星、老子、孔子、诸葛亮或云游道人的形象；在印度则是释迦牟尼的形象。在所有的民族文化中，几乎都能找到象征智慧老人的“老树”意象：高大遒劲，年代久远，长长的树须宛若历经沧桑的老者的白眉长须，临风摇曳的枝叶发须散发着仙风道骨的智慧魅力。无论这些人物形象或植物意象的具体样貌如何，核心特质是不变的，都充满着智慧。

接下来，我们看一看与吐血型相关的“献祭者”原型。

曹昱老师认为，“献祭者”原型的基本倾向特征是：放弃自我中心；通过主动或被动舍弃自己的生命，来成就他人或道义的需要；除此之外，他们都是实际行动派的，常常会保持言语上的沉默。

根据结局、功能、主动或被动、自我存在感的强弱等特征，她着重分析了四类经典意象。

（1）献祭羔羊或替罪羊

命运脚本中的结局：任人宰割，失去生命。

功能：代罪；被动放弃生命；它被作为“有存在价值的工具”在他人眼中存在，但它自己几乎没有自我存在感。

无辜而又无能为力的羔羊，则只能默默地接受自己的苦难命运。由于它们的死亡是被决定的，它们对自己的命运别无选择，所以，它们的自我存在感很弱，也很被动——表面是它们对“正义之神”的“献祭”，其实并非出于它们对人类的无私无畏的爱，而是出于自己的无能为力和无可奈何。

对替罪羊本身来说，献祭只能够缓解存在焦虑（“我对人有价值，故我在”），而并不会给他带来真正的幸福和满足，他们之所以献祭，只是因为不知道除了献祭之外，还能通过什么其他版本的生命选择来寻找自我存在感。我相信，对“替罪羊”类的献祭者来说，只有让他们意识到生命还有其他更好的选择，并通过行动使之学会自主选择，从没有自我的附属品，转变成一个有自我的人，他们才有一条健康的出路。

（2）小人鱼

命运脚本中的结局：化为子虚乌有的泡沫。

功能：成全他人、归功他人；失去了人鱼的生命，也没能得到人类的灵魂；主动舍弃；虽然从表面上来看她几乎没有自我存在感，别人更不知道她的存在，但实际上她有着强大的自我意志。

和替罪羊“不得不献祭”不同，小人鱼的献祭是自己选择的，虽然成就的是别人、牺牲的是自己，但至少她对王子的真爱得到了实现，她强大的自我意志也得到了令人尊敬的彰显，因为这个脚本之所以有这样“成人之美”的结局，完全是出于她的个人选择。

此类献祭者的弱点是：不善沟通，心慈手软，痴情痴得迂腐，满脑子只有一根筋，一见到自己意中人就一叶障目、六亲不顾，不但拿着金条换草包，搞得自己面目全非，武功尽废，还拖累自己家属白白跟着心痛受伤，最后还是逃不过灰飞烟灭一场空，自己连同自己的愿望尽化泡沫。

不敢以真面目示人，放弃了自我的欲望，却以满盘皆输的方式成就了自我的意志，并用使所爱之人得到幸福的方式代偿性地满足了自己的幸福。小人鱼，是一个“有我”和“没有我”同时并存的献祭者原型意象，她的生命主题是爱情至上的自我牺牲。

（3）雪娃娃

命运脚本中的结局：来自于水，终归于水。

功能：舍己救人；主动舍弃生命；别人在得到救助的时候不知道它的存在，但之后会意识到它的存在，并充满感恩地怀念它的存在；表面上看它的自我存在感弱，但其实自我意志和行动力都很强大。

和小人鱼相比，雪娃娃的爱没有性能量的投注，是更广义上的“母爱”（“广义的母爱”并不仅仅限于母亲对孩子的爱，父亲、师长、老者对晚辈等此类的爱都算在内），由于母爱的无条件性和纯洁性，雪娃娃的爱中更没有自我的得失。雪娃娃更多强调父母角色中的“保护者”和“陪伴者”功能。

它的存在来自于天上的水，又以回归成为“天上之水”的结局而告终。水，是爱与滋养的象征；天上，象征着美好的精神境界。当天上的水遇到强冷空气就变成雪降落，象征着雪娃娃的诞生来自于被冻结的美好情感，虽然冻结了，依然具有付出纯洁的爱与滋养的潜质。自己没有妈妈来爱、来滋养的雪娃娃，在遇到同样纯洁的小白兔的时候，这个被冻结的潜质被激活了。所以，从这个意义上来说，小白兔其实是雪娃娃的“儿童自我”。而雪娃娃通过使自己成为一个“理想的母亲”，而代偿性地满足了自己的亲子心愿。

在生活中，我们会看到有一些真正的慈善家，他们小时候缺失了父母之爱，长大以后有了资源，就无偿地为社会上的弃儿充当好父母的角色。他们，就是这类献祭者的化身。他们像雪娃娃一样，默默地用自己的生命资源来养育缺爱的弱者，不夸口、不宣传，只是在恰到好处的时候付出强大而又毫无保留的行动力。

但雪娃娃类的献祭者和小人鱼类的献祭者有一个最根本的不同，那就是不到迫不得已，雪娃娃不会试图进入所爱对象的房子里，更不会试图留在所爱对象的世界中。雪娃娃的位置是户外离小白兔房子不远的地方，这象征着它有着更好的人我边界。因此，当雪娃娃打破禁忌进入小白兔的房子之后，很快就消失在熊熊的烈火之中。

（4）殉道者

命运脚本中的结局：来自于天，终归于天，虽然肉体蒙难，却成就了天道所赋予的使命。

功能：舍己度人、重返天堂的钥匙和榜样；主动舍弃肉体生命，但得到了精神的永生；他的个体小我存在被融入人类集体的大我存在中得到了更大、更完整的实现。

殉道者的基本特征是：有着一个人类的肉身生命，和一个神性的“灵魂”，所以，只有他们才能够畅行无阻在凡人与天之间，成为人类中的“天使”。最典型的意象是耶稣。与替罪羊相比较，殉道者的出发点和落脚点都要更“大”。

殉道者本质上是“舍生取……”是献祭中更高品质的一种，是把小我融入“天道”，并借由“天道”的存在来存在。

殉道者坚信：自然意志和法则大于个人意志和法则。

最后小结一句：吐血型的爱，是辛苦的爱。若能重拾自我并加以滋养，爱的资源将不会枯竭！

2. 吸血型

世间没有任何人是吸血鬼，但是在内心世界，有些人获取爱的方式颇似吸血鬼的生存方式——通过剥夺和占有来满足自己。

从小到大，我们听过或看过许多关于吸血鬼的故事。他们形象各异：有的善于幻化成蝙蝠；有的喜欢以狼人的形象出现；有的仿佛大蜘蛛一般布下天罗地网……他们有时变为僵尸，有时面目狰狞、獠牙血口、直扑目标……他们往往都长着尖尖的嘴巴或牙齿，口中含血或滴血，面部大多苍白。有的是长长的爪子，即使是人手的形象，也会突出又尖又长的指甲。他们喜欢穿长衣长袍，黑色最为多见。

这些具体的意象都具有象征意义——跨越了种族、文化界限的象征意义。尖尖的嘴巴或牙齿是攻击性的象征。请注意，“攻击性”一词在心理学里是一个中性词，既无褒义，也无贬义。它代表一个人愤怒的时候，心理能量去向哪里。比如，有的人一生气就生闷气，不理人，这叫“向内攻击”，或“自我攻击”；有的人则相反，一生气就摔东西、骂人、打人，这叫“向外攻击”。

口中含血或滴血，乃为口欲期固结所致。精神分析心理学把0～1岁称为人的“口欲期”。这个时期的孩子完全不自立、缺乏基本的自由行动能力，依赖母亲或其他的养育者存活，“口”是其生活和兴趣的中心。饥饿、好奇、身体不舒服、各种情绪反应等都用口来表达，同时也用口来满足。这个时期的孩子如果得不到适当的照顾，内心就会产生爱的缺失感，对于母亲和他人的信任感因此受到不同程度的消极影响。假如这个影响不断持续，而又始终没有得到很好的解决，则会影响其人格的发展直至一生。这就是所谓“口欲期固结”。通俗地说，就是一部分生命能量滞留在了0～1岁，不往前走了。也可以理解为，吸血型的人的心理年龄停留在了1岁左右。

吸血鬼大多面色苍白，象征他们体内缺血——爱的缺失感。这正是他们成为“吸血鬼”的关键因素。既然儿时没有被充分满足，成长的过程中就要不断地“索取”，以自我满足。由于这个“索取”的过程大多是无意识的、不知不觉的，所以他们并不清楚自己真正想要的，其实是1岁左右的母爱，并非长大以后周围的其他人。因此，这种不自知的“索取”或“占有”使周围的其他人成了替代品，当事人获得的只是代偿性的满足，而非真正的满足。甚至，他们越是剥夺和占有，内心越不满足，不但不会感恩别人，反倒觉得周围人都“欠”自己的，无论怎么对自己好，都是应该的。当周围人越来越不喜欢他们的这种交往方式时，态度可能就会发生变化，当事人一旦感觉到这一点，便更加不满和愤怒，往往想方设法地控制这些关系，弄得周围人感觉很不舒服。于是，他们和周围人的关系陷入恶性循环的状态，大家都很痛苦。

有的吸血鬼形象是长长的爪子。即使是人手的形象，也会突出又尖又长的指甲。手部的这些细节象征强控制，象征获取爱的方式是剥削、剥夺或占有。

吸血鬼形象喜欢穿长衣长袍，黑色最为多见。这是神秘感和权威感的象征。

我们借用“吸血”一词来表达的，不仅是获取爱的一种不健康方式，还有当事人的心路历程。

在现实生活中，也许父母已经尽心尽力，但是孩子没有感受到自己最想要的东西，没有得到充分的满足，心理层面便留下了缺失感。这是很容易发生的事情。任何伟大的父母，即使两个人都是了不起的心理学大师，也不可能在孩子0～1岁期间，每一次都及时而精准地明白孩子要什么，并且及时而充分地满足他。这对于父母来说，实在是太难了！

所以，我们只是想强调，父母尽可能减少这种缺失感的产生及其消极影响。即使是由于客观原因，诸如，历史变迁、政策制度、家庭变故、工作安排、物质条件等，致使孩子不得不在很小的时候离开父母，尤其是离开母亲，孩子内心的被抛弃感和被忽视感也会加剧爱的缺失感。

倘若随着孩子的成长，这种感觉积淀得越来越厚重，长期得不到满足和补偿，而他们又没有学会什么是真正的爱，怎样通过健康的方式去获取自己想要的爱，就只好自己想办法了。强行掠夺、拼命榨取，不过是其中很常见的一种办法。具体运作方式丰富多样。有的简单直接，可能理直气壮地说："你必须给我……""你必须为我……"可能柔声细语："亲爱的，要是你能……我就太爱你了。"也可能不动声色，阴险诡秘，只在趁人不备时才出手……

"吸血"的对象不一定有特定指向，既可能向父母讨债，也可能不自觉地指向自己的孩子（前文讲述的"蜘蛛妈妈"就是这方面的典型），还可能投射到配偶的身上，或者泛化到身边的任何人。

说到向父母讨债，大家很容易想到，儿时亏欠了孩子的父母才可能遭遇这样的情形。其实不尽然，溺爱的教养方式同样可能导致孩子长大以后来讨债。“啃老族”就是一个典型。

曾有一个谜语形象生动地刻画出“啃老族”的生活状态：“一直无业，二老啃光，三餐饱食，四肢无力，五官端正，六亲不认，七分任性，八方逍遥，九（久）坐不动，十分无用。”谜底就是：“啃老族”。

“啃老族”也叫“吃老族”或“傍老族”。他们并非找不到工作，而是主动放弃了就业的机会，赋闲在家，不仅衣食住行全靠父母，而且花起钱来大手大脚。中国的“啃老族”大都在23～30岁，有谋生能力，甚至有不错的学历，在精神层面却仍未“断奶”，得靠父母供养。社会学家称之为“新失业群体”。

中国园长发展论坛主席、幼儿教育专家李俊杰说：“对儿童正常行为的压制和约束，不利于培养孩子独立、自信的品格。长此以往，孩子就会变得依赖父母，做事情畏首畏尾。”“就拿吃饭来说，孩子都好几岁了，父母还给孩子喂饭；或者当孩子自己吃饭把饭洒出来时，一些父母不是耐心提醒、纠正动作，而是对孩子大声呵斥，这对孩子的独立精神和自信心都是一种打击。”

有专家将中国的“啃老族”划分为四个等级：一等是能正常劳动，有收入，按时交纳生活费，但靠父母出钱供其买房、买车或其他奢侈品；二等是能正常劳动，有收入，不交给父母生活费，甚至连其妻儿也跟着吃喝父母；三等是不劳动，无收入，一切生活开销都由父母供给；四等是靠父母投资经商，却一无所成。

就心理成因而言，大概有以下几个方面。

（1）家庭溺爱。认为接受父母照顾是天经地义，缺乏责任心和孝心，遂成“米虫”心态 。在一些家有啃老的父母看来，孩子算不上“啃老”，因为家里经济条件优越，不需要孩子做什么，只要认真读书，挣一个高学历回来就够了。

（2）家庭过度保护。由于担心孩子受到伤害和挫折，从小到大都有意识地回避各种集体活动和社会交往，造成孩子与社会环境隔阂，严重缺乏适应环境、构建人际关系、与人合作的能力。

（3）家庭过度管制。孩子很少被赞赏和鼓励，经常面临父母的指责和打击，导致孩子丧失自信，因第一次工作失败而产生恐惧感，不敢再次面对就业，只能“缩”在家里。

（4）缺乏现实感。出于这种成因的孩子其实是有理想的，他们对于自己的工作也有设想，只是他们的设想太理想化（例如，希望睡觉睡到自然醒，数钱数到手抽筋），非要达到所谓理想的工作状态才满意，否则就不停地转换工作，所以要靠父母提供生活保障。

可见，当父母过于“吐血”或者“吸血”时，都有可能培养出一个小“吸血”者来。那么，怎样才能避免呢？

最重要的是，从小培养孩子的边界感或界限感。

举个简单的例子：父母想让孩子（这里指5岁以上的孩子）吃

水果。比较好的做法是，父母把水果洗干净，放在茶几上，告诉孩子："茶几上有洗干净的水果，想吃就自己拿。"然后，随他去。顶多提醒一句："记得吃水果哦。"如果父母想让孩子多吃水果，可以用语言加以鼓励。而不是——洗干净、削好皮、切好，端到孩子面前，一块儿一块儿地喂到嘴里；或者追着孩子满屋子跑，边追边喂；孩子不想吃的时候，就硬往嘴里塞……

最后小结一句：吸血型的爱，是没有空气的爱，让人窒息的爱。确立人我界限是关键！

3. 讨要型

讨要型的人总是显得软弱无力，缺乏进取和精神追求，行动迟缓甚至懒惰。在情感方面，依赖性比较强，遇到挫折时情绪反应容易激烈，往往用乞求的方式求得对方的回心转意。

现实生活中，他们几乎不会主动提出分手，更多的情况是被动地面对分手或拒绝，而常见的应对语句是："求求你，千万不要离开我……""没有你，我真的活不下去……""让我留下吧，我很可怜的！"

其不健康之处在于，缺乏应有的生命担当，不相信自己能够长大，将自己的责任用示弱的方式托付给别人。

讨要者的心理能量很弱，却未达到听天由命的程度，还坚持维系着人的生存底线——吃饱喝足与安全感的基本满足。为了维系这个底线，他们有意或无意地放低自尊，不争不夺，也不奋进，将自己的生命责任交由他人之手。尽管他们不容易跟别人发生冲突，但言行举止之间透露出来的过度的软弱无能，常常会引起周围人的愤怒———种恨铁不成钢的愤怒。

事实上，讨要者的内心层面都是一些可怜的儿童。深埋心底的悲哀，使得他们自怜、懦弱，而这种悲哀实为幼年时期“哭泣”行为的再版。他们在潜意识里是期望用这种楚楚可怜的“哭泣”感动别人，有如当年用泪水和哭泣去打动父母一样。

因此，在讨要者的梦境、绘画、沙盘以及意象世界里，通常会出现“可怜鬼”的形象：瘦小，眼神无助，常穿灰色的衣服或袍子，一副可怜相。

身形瘦小象征心理发展非常弱，精神营养不良。眼神无助象征内心的无助感和无望感。衣服或袍子的灰色代表抑郁的心境。一副可怜相代表内心的卑弱感，而这同时成为其制胜法宝，或说是生存优势——因为他们确实很可怜，值得同情。

“可怜鬼”在本质上是心理病态的儿童。他们的心理年龄停滞于儿童期，没有学会如何通过真诚的付出与合作去获得爱，只懂得被动地等待爱的施舍。他们宁愿乞讨一生，也不相信自己能够长大，能够承担起自己的生活，一心只想着只要别人不抛弃自己就好。但是，他们并不清楚，真正“抛弃”自己的恰恰是他们自己。

讨要型的人，如同嗷嗷待哺的雏鸟，好似弱不禁风的流浪猫狗，无力的眼神四处张望，漫无目的地四处游荡，只是为了吃到食物，找到一个基本安全的藏身之地，然后了此一生。

值得注意的是，讨要型的人是在表现可怜，并非表演。他们与癔症型的表演可怜十分不同。二者最关键的区别在于：示弱的感受与动机不同。

讨要者在表现弱时，心理是真的弱小，有厚重的被抛弃感、无能感、卑弱感、甚或卑微感。在向他人“要”东西时，不论是怯怯懦懦的，还是柔声细语的，总给人一种不是那么有底气的感觉，发“虚”。讨要型的示弱是出于胆量的缺失，通过取得别人的同情来满足自我。他们的心理能量较弱，但是，表达是直接而真诚的。

癔症者在表演弱时，心理能量其实是不弱的，渗透着某种愤怒或怨恨，话软心不软。“可怜相”只是他们的人格面具，面具后面往往是一个非常有力量的人格侧面。他们表演弱的目的在于控制对方。他们的表达通常并不直接，弦外有音。

怎样分辨呢？感觉上是不同的。

倘若用颜色来形容这两种示弱的感觉，讨要型示弱是白色或淡淡的灰色，而癔症型示弱是红色、紫色或黑色（红色是单纯的愤怒，黑色和紫色则有压抑的成分，或掺杂了其他的消极情绪）。

这是感觉差异之一，感觉差异之二：

面对讨要型的示弱，我们会心生同情，有的时候，心里可能会说：“怎么这么依赖 / 懦弱/ 没主见/ 没本事……”可总的说来，还是愿意帮助他们、满足他们的。

面对癔症型的示弱，我们会觉得有什么地方“不对劲儿”。这种“不对劲儿”未必说得清楚，但心里会有别扭的感觉。细细品味，癔症型的示弱，里面隐藏着一种谴责——谴责别人没有满足他的需要。而这种谴责往往是不直接说出来的。

针对讨要者和后面将要谈到的癔症者，治本的方法是——接纳。

接纳是一种态度，是无否认的接受。我们接纳什么人，是因为我们理解他，能够无否认地接受他这个人，并不代表我们认同他，也不代表我们赞同他做的每一件事，更不代表我们也成为他那样的人。

由于讨要型示弱与癔症型示弱有着上述差异，因而，接纳起来也各有侧重。

对于前者，重点是体会“可怜鬼”式的人格特性，了解其内心感受。可以通过持续的关心、爱护和鼓励，使之变得更独立和有胆量。也可以积极强化他们有力量、有爱心的那些人格侧面，鼓励其树立更高的生活目标，并为之付出努力。

总之，接纳的目的在于，让讨要型的人学会为自己的生活和幸福负责，在情感关系特别是亲密关系中拥有独立的人格，使“示弱”变为健康的应对方式，而非谋得生存与满足的唯一途径。

对于后者，由于癔症型的示弱带有面具性质，背后常常隐藏着另一个更为重要的人格侧面，所以，关于它的接纳，侧重于找出这个隐藏者，使其露出真面目。认真体会癔症者的心理历程，无论他是心怀怨恨，还是充满愤怒，都允许他在自知的情况下充分地表达出来、释放出来。这个认真体会和允许情绪表达、释放的过程，就是对癔症型示弱的接纳。这种接纳会推动癔症者的直接表达，表达他们的不满，表达他们的需求。

在心理学看来，有自知的情绪释放，具有心灵成长意义。

曾经有两名女性求助者在接受意象对话心理咨询（意象对话是一种心理咨询方法）时，都在想象中看见了流浪猫的形象。现将部分咨询记录摘录如下，请您体会一下，她们有何不同？

意象对话心理咨询记录片段1

来访者：我看见一只流浪猫，走在空荡荡的大街上。

咨询师：描述一下这只猫好吗？

来访者：很小，脏兮兮的。它很饿，瘦得皮包骨头。黄色的毛，有些地方都擀毡了……

咨询师：你看着它是什么心情？

来访者（睫毛有些湿润）：……它太可怜了……

咨询师：是的，它是很可怜。你能形容一下此刻的心情吗？

来访者：……挺孤独的……

咨询师：是不还有些无助和无奈？

来访者（眼泪流下来）：嗯，是的……

咨询师：看看你的猫有什么想说的？

来访者：……我饿！我要妈妈！……

意象对话心理咨询记录片段2

来访者：……房子外面有只流浪的猫。真奇怪，我一点儿也不喜欢猫呀！

咨询师：没关系，这只是想象。请你形容一下这只流浪猫。

来访者：咦，很丑的。瘦瘦的，黑色的毛，不干净，好像很久都没有洗澡了。眼睛圆圆的，看着不舒服。

咨询师：能用简单的形容词描述一下这种不舒服吗？

来访者：能不看它吗？

咨询师：没关系的，只是看一看嘛。

来访者：好吧……觉得厌恶……还有点儿害怕。

咨询师：很好！现在，请你在想象中将这个画面定格，然后，盯着猫的眼睛。请你相信，不论发生什么，我都会和你在一起。

来访者（嘴角抽动了一下，沉默了一会儿，睫毛闪动得非常快）

咨询师：你看见什么了？

来访者：它变了……黑色的毛变成了一件黑紫色的袍子，出来一个老巫婆。

咨询师：还有呢？

来访者：老巫婆枯瘦枯瘦的，鼻子忒尖，嘴也很尖，两只手像爪子，不停地挥舞着。

咨询师：她不喜欢什么？

来访者：……不喜欢别人不理她，不喜欢漂亮的女孩儿……

现在，作个简要的分析。

片段1中的流浪猫是个讨要者形象，表达了来访者的柔弱感、无能感和无助感。体型瘦小是因为严重缺爱和心理能量弱，“脏”代表来访者对这方面人格特性的不接纳，黄色的毛擀了毡，象征长时间得不到关心和照顾。

若运用意象对话疗法进行自我接纳，心理咨询师可以引导来访者在想象中给这只流浪猫洗澡和晒太阳。阳光是爱的象征，晒太阳意味着爱的哺育与享受。水代表生命力和情感的滋养，所以，洗澡不仅象征清除污垢，还象征情感的自我滋养。

片段2中的流浪猫形象是一个变身——老巫婆的变身。“厌恶”和“害怕”既是来访者对猫眼的感觉，更是对老巫婆的体验。巫婆的“老”突出积压的时间之久及其神秘感，这样一个枯瘦的老人代表一生都没有得到爱。鼻嘴之“尖”是攻击性的象征，这是来访者最不能接受的东西。所以，她宁愿表演流浪猫式的柔弱。

爪子似的手，既是控制的方式，也是缺爱的象征；“不停地挥舞”则更具表演性。“不喜欢别人不理她”，是因为来访者在幼年乃至成年没有得到应有的尊重与关爱，所以对此很敏感。“不喜欢漂亮的女孩儿”代表来访者的嫉妒，嫉妒源于自卑。

可以推测，这样的来访者在现实生活中跟什么人最过不去——年轻、漂亮的女孩子。她们在这些女孩子面前，可能表演强势控制，可能表演可怜或柔弱，但内心里总是想折磨或摧残这些女孩子。

因此，接纳这个意象中的老巫婆形象，首先要引导她说出藏在心底的话，知道她想要什么。然后告知来访者，老巫婆其实是非常有直觉和力量的，接纳她很有好处，那会让来访者在现实的行为层面也变得很有力量和直觉力。在这种自知的前提下，鼓励来访者尝试直接表达。

经过精神分析发现，片段2中的来访者之所以心怀嫉妒和攻击，根源在于她的原生家庭。她是第一个孩子，但是，父母一直都想要男孩儿。一年后，母亲生了一个弟弟，家人欣喜若狂。她在父母的偏爱中彻底失宠（其实，她从来没有被宠过）。这个弟弟身体很不好，不到两岁就生病死了。她回忆说，家里人曾将弟弟的死归罪于她，说她整天哭丧着脸，是个扫帚星，克死了弟弟。又过了一年，母亲生了个小妹妹。这一次，母亲将全部的爱都给了家里最小的孩子，生怕柔弱的妹妹也重蹈覆辙。她再度落入爱的荒原。

所以，在来访者幼小的心灵里，女性性别带给她深度的自卑与排斥。对于她来说，这几乎是根源性的出生创伤。

弟弟的夭折、家人的责备，使她在嫉妒之中又平添了罪恶感和内疚感，这成为她成年后惯用内疚感控制别人的重要原因。

妹妹的降生，让她彻底绝望。因为她再会哭，也不如一个婴儿的哭更能打动父母。于是，她的嫉妒与敌意被再次强化了。但同时，她也认同了妹妹的那种柔弱。当她不跟妹妹在一起的时候，表演柔弱还是比较容易成功的。

一旦有了这种心理获益，“流浪猫”的面具就很难摘下来了。更何况，她还不是单纯的表演。严重缺少关爱的教养方式，在她心里也的确留下了宛如流浪一般的荒凉感与无奈感。

心理咨询工作做得越久，越有一种体会：每个生命都是独特的。

最后小结一句：讨要型的爱，是缺乏尊严的爱，是等待被施舍的爱。理解与接纳是帮助之本！

4. 癔症型

癔症型的人，通常会使用癔症型的方法去获取所需之爱。

癔症意味着无意识的表演，最终目的在于获得关注。对于很多人来说，被关注就是所需之爱。由于癔症的真正含义为表演，因而，其展现内容格外丰富，诸如，柔弱、生病（或可怜）、优美、可爱、性感、麻烦、神秘……在获取爱的所有的不健康方式当中，癔症型是最复杂、最多样的一种。

在信息爆炸的时代，空气里迷漫着焦虑与浮躁，某些网络红人不惜哗众取宠，频频展示“你看我多特殊！”“你看我多性感！”“你看我啥都敢说！”……近几年，良莠不齐的各类选秀节目迎合了许多癔症者的心理，更有甚者追求夸张搞怪，导致“奇葩”丛生，在某种程度上起到了推波助澜的作用，致使有些人“病”得更严重了。

举例来说，电视连续剧《还珠格格》第一版中，紫薇和小燕子都是典型的癔症型人格，所以，她们采用的获取爱的方式也是癔症型的。这两个艺术角色本身的确具有鲜明的性格优点，比如她们善良、正直、勇敢、机智、真诚，等等。但同时，也具有鲜明的表演性——无意识的夸张表演。紫薇表演的是宽容和优雅，小燕子表演的是闹腾和可爱。

小燕子的表演性比较容易理解，因为她实在是“闹”得厉害。至于紫薇，认为她有表演性，是由于在她含蓄、豁达的背后，是对消极情绪的过度克制和压抑。正因为她们的理性意识对此全无自知，所以“演”得淋漓尽致，异常成功，颇得宫廷内外人士的好评与爱戴。

在她们光彩照人的成功表演面前，皇后与容嬷嬷自是备显狡诈和狠毒，败下阵来乃是合情合法又合乎心理学之道理。作品中，在这场声势浩大的争得皇帝恩宠的拔河赛中，癔症型的人物成为最终的赢家。正应了中国的一句老话：会哭的孩子有奶吃。

大量的临床案例显示，善用癔症型方式获取爱的个体，通常心里都埋藏着深深的怨气。

在张国荣生前的最后一部电影作品《异度空间》里，有一个典型的癔症型人格意象——心理医生的中学女友死后变成的女鬼。影片中，这个女生很爱对方。为了让对方感受到自己的爱，她会在煮鸡蛋时“不小心”把手烫伤。当然，可能你会说：她年纪轻，不擅长做家务嘛；也许这是她第一次煮鸡蛋；她只是偶尔弄伤了而已；她大概是赶着给男友送去，焦急之中受了点儿小伤……

但是，心理动力学从来都不相信偶然。任何人的任何行为，哪怕看似意外、看似偶然、看似不经意，背后都有其潜意识动机。并且，越是意外、偶然和不经意，心理层面的需要越真实，甚而越强烈。也正因为当事人没有意识到，或者是其理智很难接受，这样的行为才会表现得非常自然，很不容易在现实逻辑中找出破绽来。

事实是，这样的行为背后通常有一个真正的心理动机。例如，影片中，当那个女生的男友正欣喜地接过煮鸡蛋，突然发现女孩儿的手受伤时，连忙捧着她的小手唏嘘呵护不已，女孩儿满足地笑了——这就是她想要的——获得男友更多的关注，甚至不惜用唤起男友内疚感的方式去控制对方、控制彼此的关系。

必须强调的是，女孩儿并非刻意计划好的，不是“意识”层面的故意。这只是她在潜意识里的一个愿望，或者说是潜意识里的“故意”。在理性层面，她很可能根本不知道自己在做些什么、到底想要什么，一心只想着如何体贴、照顾男友，如何表达自己的爱。

当女孩儿发现男友跟别的女生也有交往时（虽然并无证据显示是移情别恋），她非常害怕，害怕自己被抛弃，便大发脾气（表达生气要比表达害怕，显得更有力量），赶走了男友（许多经历过“被抛弃”创伤的人都是这么处理问题的：与其有可能被抛弃，不如先抛弃对方）。男友离去之后，她深感绝望。于是，积怨太深的她采取了极为惨烈的方式惩罚男友——当众用剪子割腕、跳楼。

对于电影里的这一幕，银幕内外的观众无不愕然……在那一刻，男友的心里埋下了沉重的内疚，它就像种子一样开始悄悄地生根、发芽……女孩儿自己也变成了面带污血、眼球上翻、双臂平晃的怨恨女鬼形象。她的那身白色学生装，分明就是一种控诉：“你们看，我有多无辜！”

张国荣所饰演的心理医生治疗了一位女病人，叫章昕。在她身上有两个突出的问题：一是儿时爱的缺失（父母离异，母亲带姐姐出国定居，将她独自留下）带给她被抛弃的感觉，这是她儿时的重大创伤；二是重复性的自伤行为，表明她惯用唤起对方内疚感的方式去控制对方，控制彼此的关系。

因此，影片中的女中学生以及章昕有个共同的心理防御机制——内疚感控制，她们都善于无意识地、用唤起对方内疚感的方式进行控制，而心理医生的问题恰恰在于长年压抑在内心深处的内疚感。他在现实行为层面的做法，是将自己和已故中学女友的所有相关资料封存在一个盒子里，然后把盒子藏起来。

我们知道，这是没用的。就像我们在生活中遭遇了激情之后的伤心，想要拼命地忘记什么，结果，只会记得更牢。这在心理学上叫作“负强化”。

随着心理医生对女病人章昕的深入治疗，他自己的创伤性记忆也被一步步唤醒。终于，他封存心底的女鬼形象浮出水面——表面上，似乎是故去的中学女友变成了怨恨的女鬼，实为医生自己久久未敢面对的心理问题。这个女鬼形象不过是心理问题的象征而已。

对于影片中的心理医生而言，最好的解决办法就是接纳自己的内疚与自责，而非尘封痛苦。这样，痛苦才有面对的机会、表达的机会和释放的机会，压抑与忍受就可随之转化为承受。

当他能够深切地体会自己的内疚感时，也就有可能与女鬼共情——感受到她的感受。当女鬼体会到他的共情时，才有机会表达和释放，才有接纳的可能，不再那么怨恨。这时，他们的心灵才有机会真正沟通。

电影中的“拥吻”片段，原本是至关重要的接纳象征，但是由于缺乏了心理医生的纵身一跳/ 女鬼推他一把/ 想要掐死心理医生的冲动，心理医生的内疚情绪和自责情绪没有得到充分的释放，也没有充分体会到自杀女友内心的痛苦。因此，从心理咨询的专业角度来看，片中的“拥吻”缺少了一个非常重要的心理逻辑环节，显得有些跳跃，不够符合心理现实的发展节奏。

也许，张国荣先生能够在这部影片中纵身一跳的话，现实中的他就不会选择跳楼，至少，不会那么快地、用决绝的方式离开我们……因为对于一向入戏很深、而当时已经重度抑郁的张国荣来说，片中的很多画面就像是他的梦、他的意象，承载着太多痛苦感受。而我们多么希望，他能有机会在活着的时候释放掉那些痛苦，可以活得更久、更快乐。当然，这仅仅是“也许”。

需要补充说明的是，并非所有怀有内疚感的人都会成为癔症型的人，或是使用癔症型的方法去获取爱。

以一部曾经热播的韩国电视连续剧《大长今》为例。

亲生父亲被捕，是因为年幼的长今在情急之下，当众说出了父亲的真实身份——保护皇上的军官。她并不知道皇上正在抓捕她的父亲。于是，父亲被官兵带走了。父亲的离去，在她的心里成了永远的阴影。她非常地内疚和自责，但是，她并没有变成一个善用内疚感进行控制的人。这是为什么呢？

从幼年经历来看，在父母遇害之前，长今的童年生活还是非常幸福的。父母相互认可、恩爱、体谅，两个人都给了她很多的爱（关心、爱护、欣赏、尊重等），这种爱为她奠定了自我接纳的良好基础。最重要的是，赋予了她比较好的安全感。所以，她对别人有基本的信任感。这种信任感同时也是她的自信。另外，她从小就敢于表达自己，去做自己喜欢的事，这方面也得到了父母的情感支持，这造就了她敢于为自己负责的性格。可以说，信任感、安全感和责任感是长今的人格构成当中非常优秀的元素。

长今虽然有内疚，但是，她的心理“底版”比较好，发展得也比较健康。因此，她不会将责任外归因，敢于承当自己的生活，努力争取自己想要的东西——成为御膳房的最高尚宫，还母亲一个清白。

如此说来，一个人有无内疚感，并不最终决定是否能够形成不健康的获取爱的方式，是否会用激发别人内疚感的方式去控制别人。重要的是，他是否具有基本的安全感和幸福感，是否能够接纳心中的内疚感（有自知、有表达、有释放、有人我界限）。即便无意识地使用过内疚感控制的方式，当时是否有过心理获益。

这里，还想特别说一下青春期“闹鬼”的问题。

“闹鬼”属于癔症型的一种表现形式，常见于青春期的女孩子。如果周边的亲人或异性朋友能够及时采取正确的对策，就可以帮助她们顺利渡过心理难关。

所谓“闹”，就是折腾。折腾的目的在于寻求关注。因此，当她“闹鬼”时，最好是不理她。以避免强化其症状。一旦此刻你关注了她，比如：哄她、骂她、劝她等，你就被她控制住了，同时，她也因病获益了，因为她想要的就是你的关注。那么，她的“病”就好不了了。

所谓不理她，不是说不理睬她、不关心她，而是要用健康、有效的方法去帮助她。这里，有三种方法可供参考。

第一，用镇静、平和的态度看着她，就那么静静地看着她（看着她，是为了让她获得一定程度的满足，同时保证她不做出更夸张、更危险的事情），让她去发作。当她闹得太厉害的时候，可以用坚定而平静的口吻对她说：“过分了吧。”

第二，平静地揭穿她：“别闹了。”

第三，用真诚的爱去化解她的愤怒——真诚地接纳她。比如：静静地拥抱她。

不论采用哪种方法，态度至关重要！必须是真诚的，没有故作姿态，没有表演；必须是接纳的，没有任何的厌烦、轻视或不满。当她恢复平静之后，我们还要主动帮她解决现实困难，譬如，学习问题、恋爱问题、家庭问题等。如此，方能治本。

如果我们能够帮助对方了解自己的真正所需，能够让他们在享受接纳的同时学会接纳自己，那么，即便是吓人的女魔头，也会在我们真诚的拥抱之下变回善良美丽的本相。

最后小结一句：癔症型的爱，是夸张而无意识的爱。请相信，真诚的力量永远是最强大的！

5. 顺从型

顺从型的人都是心理层面的“乖宝宝”，他们试图通过顺从，得到父母和他人的喜欢。

通过案例分析，我们发现，顺从型通常有三种主要原因，也可以看作顺从型的三个亚型：暴力屈服型顺从；放弃型顺从；自闭型顺从。

（1）暴力屈服型顺从

在存有家庭暴力的环境里，很容易见到顺从型的人。这里，就以家庭暴力为例，我们可以更清晰地了解形成顺从型获取方式的心理历程。

在长期存在暴力的家庭里，不论是对孩子的打，还是对丈夫、妻子的打，说到底，都体现了一种获取爱的方式——强控制。挨打的一方，很容易因此而变得顺从。这也是顺从型获取爱的方式的重要成因之一。

挨打能够使人心理顺从，甚至成为获取爱的一种方式。听上去似乎很残忍，也很自虐，但是事实。重要原因在于：其一，挨打行为的背后往往隐藏着某个积极的东西，诸如：爱；“打你是为你好！”其二，心理能量较弱或比较缺乏人我界限的人，会将消极的暴力行为与积极的爱的情感，不分青红皂白地共同接受下来，我们称之为“打包”现象。

例如：电视连续剧《不要和陌生人说话》中的安嘉和医生，几乎每次疯狂地暴打妻子之后，都要痛哭流涕地承认错误，表白自己对妻子的爱。于是，妻子带着幻想一次次地原谅他，致使暴力得以继续，并不断升级。

对于挨打者来说，长期遭受暴力行为的结果通常有三：一是完全放弃自我，变成圈中羔羊；二是实在无法忍受时奋起反抗，要么动用法律武器，要么自行解决，杀死对方；三是逃离。

再如：母亲打完孩子之后，马上给买好吃的，以示补偿。孩子会以为，挨打不过是得到母爱的前奏。挨打很不舒服，但母爱更加诱人。于是，孩子选择“通吃”——一并接受下来。他甚至会认为，不挨点儿打是得不到爱的。这也为许多的性虐待者和性变态者奠定了坚实的心理基础。

实质上，暴力行为者（以下称“施暴者”）与被打者，在心理层面构成了一种特殊的“亲密”关系。施暴者实施暴力行为时，被打者看到了对方的弱小（比如：“我老公真可怜！”“我妈真不容易！”）长大后，在被打者的潜意识当中，将这种弱小感与自己内心的弱小感进行认同，其实是一种自我怜悯（比如：“我老公确实很可怜!”“我妈确实不容易!”)。

这种心理反应，既有同情，又有投射。因而，被打者受虐的同时，实际上是对施暴者的保护。虽然他在心里面是想保护弱小的自己，但在行为层面，忍受暴力的同时也保护了对方。在这里，所谓“成全别人就是成全自己”完全说得通。

多数情况下，这种心理反应的背后是恐惧，尤其是暴力程度非常严重的那种。正因如此，忍受暴力之后的顺从行为才会变得特别自然，这就是所谓“斯德哥尔摩效应”。

例如，做人质做的时间比较长以后，会在心里非常认同劫匪。一般地，小孩子当人质不会轻易被杀，那是因为小孩子真的很害怕。所以，他们会顺从，而且是那种非常自然的顺从，没有什么心计或防范。于是，一般的劫匪不太忍心下手。对于这样的小孩子而言，他们的潜意识里仿佛有一句话:“我一定要对他好才能活下去!”

通常情况下，挨打的人，特别是长期忍受暴力摧残的人，存在严重的爱的缺失。在他们的意象中，很容易看到沙漠、荒原之类的图景。因此，他们是极度饥渴的。哪怕施暴者偶尔有一次表现出对他们的好，他们就会感激涕零。这会成为他们由极度恐惧、极度饥渴变得愿意顺从、得到满足的重要转折点。

暴力可以使人产生顺从心理的另一重要原因是，被打者被打得很厉害时，常常处于非意识状态，就是不太清醒了，这时，施暴者所说的话极具暗示作用。这些话语及其消极的态度和情绪，都会“印刻”在被打者的非意识当中。因此，被打者很容易接受。倘若被打者在现实生活中确实体会到哪怕一丁点儿的好处，他将更加相信他所接受的信息。

（2）放弃型顺从

放弃型顺从，就是从心理上完全放弃自我，以顺从的表现获取父母或他人的爱。这样的人看上去很“蔫儿”，非常地不自主，极少自己拿主意，你问他什么，他都会说：“随你”“我没意见”或“你们说了算”……总是无精打采的样子，好像没什么骨头，也很少与人发生争执或冲突。所以，跟这样的人在一起，容易让人觉得“没劲”。

这种顺从类型常发生在父母双方都很强势的原生家庭里。一般而言，如果在一个家庭里，父母两个人都很强，是指气势都很强（包括暴力控制），小孩子通常向两个极端方向发展：一个是认同这种“强”，但充满仇恨和狠，甚至会自虐；另一个就是完全顺从于这种“强”，变得很“蔫儿”。

前者类似少年犯人格。喜欢做劫道的黑社会小老大，这会让他觉得拥有小强权，有力量感和控制感。原因在于，他们非常缺乏依恋感。

后者则恰恰相反。在父母的强控制下，虽然心里有时并不舒服，但总的说来是很省心的——不用自己拿主意，不用承担原本属于自己的责任，不用冒险去独立地承担什么，不反抗、不表达也就避免了人际冲突……这些都具有不小的诱惑力。更何况，很多的父母都喜欢“乖”孩子，他们的行为方式和教养方式似乎在告诉孩子：“只要听话，我就爱你！”

于是，有些心理能量比较弱的、对父母产生强依恋的孩子，开始不断地放弃自我，直到变成躺在摇篮里乖乖地等奶吃的“听话宝宝”。

“蔫儿”是蔫儿了点，但不用长大，不用承受长大带来的风险、责任和痛苦。获取父母之爱，如同得到其他美好的东西一样，总是要付出一些代价的。“听话宝宝”选择了放弃自我的代价——“你看我，要多乖有多乖！”

这样的人并非天生不愿长大。生存本能当中原本就包含着成长和发展的力量与潜能。人的生命犹如树木：树根长于大地，象征生命来源于深层意识；枝叶长向天空，代表自我发展的方向。所以，人，至少在儿时、在本心深处，还是渴望成长的。

当他们是小孩子的时候，可能也曾试图表达自己的意愿和思想，可是，一再地受到父母的压抑和打击。他们会觉得，表达自己和反抗父母是错误的事、不好的事，只有一切都听父母的，自己才能得到爱，才能不被批评、指责或挨打。因而，在生命成长的某一个时刻，他们可能会对自己说：“算了吧，就这样吧！”

接着，一个非常隐蔽的“吸毒”过程开始了：他们变得愈发地顺从和难以解脱了。压抑和克制虽如毒品般对人有所侵害，但总有让人舒服的诱惑。

随着年龄的增长，随着持续的心理获益，他们越来越体会到顺从父母的好处，心里也就越来越认同顺从这种关系模式。因此，成年以后，他们会无意识地把与父母的关系模式扩展到与其他人的关系之中。

（3）自闭型顺从

在顺从者当中，有一种比较特殊的状态。我们之所以把它列入顺从型，只是因为它与其他五种获取方式相距更远。

案例

有一个20多岁的小伙子，表面上非常平静，以至于看不出任何的情绪变化，仿佛有一道感情屏障挡在那里。但是，如果你坐在他对面的话，你又能从蛛丝马迹中感觉到，他是有某种情感需要的。后来，心理咨询师仔细体会，发现他需要的是一种很基本的安全感。

他是个工科大学生，从小到大都喜欢理工类的科目。父母都是高级工程师，各自的父母都去世得很早，家里没有老人帮忙照顾。他们的工作极其繁忙，很小的时候就常常把孩子独自关在家里。在他的记忆中，父母从来没有陪他玩过什么游戏，顶多是在画图纸或做饭时，随手扔个尺子、画笔或是塑料袋之类的东西给他，让他自己玩儿。

他讲到这些事情时全无表情，坐得也很端正。显然，这是一个非常理性而又极度压抑的孩子。咨询师问他什么，他就很精练地说几句。他走进咨询室，也是因为班主任让他来的。班主任觉得他太内向，几乎跟谁都不来往，从不参加任何集体活动，就是在宿舍里也很少跟人说话。

咨询师引导他闭上眼睛，放松身体，想象一下自己是什么样子。他静静地体会了一会儿，说："机器人。"

案例分析

他想象中的机器人有个金属外壳，很坚硬。动作机械，没有表情。

就象征意义而言，"机器人"代表纯粹理智化。可见，其"自我保护"达到了非常高的程度。金属的外壳代表他心中的一个"外壳"。由于有了这个壳，理智与情感之间也就有了一层厚实的隔离，所以，表面上他似乎很少出现情绪起伏。实际上，他感觉不到自己是在克制情绪，甚至感觉不到自己有什么情绪。

如果说他的情绪并未完全消失，那么，也只是在他和"物"打交道的时候，能够看到他的投入与喜爱。这一点十分重要。当一个人与他人无法建立起情感联系时，"物"会显得更容易把握和控制，而且，"物"不会像人那样伤害到自己，从而获得最基本的安全感。

在本质上，"机器人"的心理是非常自闭的。外表上未必表现得那么明显，但是，他很难跟别人进行深入的交往，建立情感联系，既无竞争，也无合作。由于他外表冷静、做事理智，所以，他还是有机会谈恋爱的。他身上的这种"冷"气质常能吸引那些情绪化的异性。在恋爱初期，两个人会相安无事。可是，随着情感关系的进一步发展，情绪化的异性朋友将无法忍受"机器人"的冷漠，彼此的冲突将会陡然上升，进入到冰火两重天的状态。

最严重的情况是自闭症。几乎完全丧失情感交流能力，思维像计算机一样不能容忍任何的“不精确”。但智力能力会在某个方面表现得非常出色。

在自闭状态下，情感是格外压抑的。其内心深处往往有很多的消极感受：恐惧、悲哀、愤怒等。当这种感受积聚到相当程度、环境条件适当时，他会突然做出令人费解的举动。例如，一贯表现良好，乖巧听话，高考前却突然弃考。也可能做出十分残忍的事情，残忍到让熟悉他的人都难以置信的地步。我们可以从一些刑事犯罪和恐怖电影中看到这样的故事。

那么，到底要怎样应对“机器人”的表面顺从、内心压抑呢？

最重要的是，要想办法恢复其情绪感受能力。比如，我们可以温和地提醒来访者：“你现在的行为很像一个机器人。”鼓励他尝试着去做一个“敢恨敢爱”的人。再如，鼓励他在友谊关系或恋爱关系中，试着体会对方的心情，主动地关心对方。

在情感关系中尝试恢复情绪感受能力，是一个很好的办法。当他通过体会、表达和关心别人，得到对方的认可和接纳时，他就有机会感受到别人的温情和关怀，也就有信心继续改变。一旦内心坚信，周围的关爱也会聚拢过来，他会感觉值得珍惜。于是，感情也随之逐渐清晰。一个新的良性循环便开始了……

如此，他的心灵将真正开始呼吸——有难过，也有快乐。

最后小结一句：顺从型的爱，是沉默的爱。不在沉默中灭亡，就在沉默中爆发。唯有启动情感开关！

6. 自恋型

古希腊神话中有一位名叫纳克索斯的英俊少年。有一天，他在河边散步，发现了水中自己的影子，便一见倾心，再也无心恋及他人。从此流连忘返，顾影自怜，最终郁郁而亡。后来，心理学以纳克索斯的名字来命名自恋症。

人们获取爱的方式千变万化，其中有一种，就是像纳克索斯一样自己倾心于自己。与指向他人的爱情相比，同样痴迷，同样强烈，同样执着。对于这样的获取方式，我们姑且称之为自恋型吧。

“自恋”与“自爱”是两个不同的概念。“自恋”是指恋上了自己，“自爱”是指爱自己。两个词虽然仅有一字之差，在精神内涵上却有着明显的差异。

“恋”是痴迷，是固着，是沉溺，“自恋”是将几乎所有的心理能量都投向自我，缺乏与外界的互动。

“爱”是接纳，是喜爱，是灵活，“自爱”是将一部分心理能量投向自我，同时，能够将关注自我、体验自我的能量转化于外界，内外都是有互动的。

固着为静，接纳为动。倘若以河水为喻，自恋就是一条静止的河，自爱则为流淌的河。因而，自恋是封闭的、无转化的、缺乏生命力的、不健康的，自爱则是流动的、有转化的、充满生命力的、健康的。

至此，我们完全有理由说，一个善于苛求自我的人很难在心理层面宽容他人；同样地，一个人只有学会了关爱自我，才可能懂得如何关爱他人。

从心理动力学的角度分析，自恋心理的形成，大致有两种因素：

一是过于被溺爱。从小在溺爱中成长的孩子，容易缺乏心理层面的人我界限，会认为“别人都应该对我好”，因为“我好！”“我好！”就有可能意味着“我没有理由不恋上自己”。他会沉溺于“我好”的感受当中——小时候，别人溺爱他，长大了，自己溺爱自己。这是一种积极体验的自恋。

二是过于缺爱。从小严重缺爱的孩子，由于没有享受过、甚至体验过别人对自己的接纳、尊重和喜爱，成年以后就很难知道如何爱别人，如何通过付出与合作得到爱，甚至不知道怎样向别人表达自己，只好将内心的关注力投向自我，因为“我只能爱自己！”这是一种消极体验的自恋。

无论是积极体验的自恋，还是消极体验的自恋，在自恋者的现实行为层面和意象表达层面，包括突出自恋主题的梦中，都会呈现几个非常重要的共同特点：唯美；封闭；交往不主动；带有一定的表演性，但是表演给自己看的，而非吸引他人关注；无微不至地照顾自己；自我评价比较高；整个人显得比较“轻”，很少粗声粗气或高声喧哗。

说到自恋型的无自我，突然想到电视连续剧《青衣》中徐帆饰演的那个女主角筱燕秋。筱燕秋一生都在扮演奔月的嫦娥，她的全部身心仿佛都与戏曲中的嫦娥角色合为一体。她为之痴狂，为之沉溺，甚至无法辨别现实与戏境，用她自己的话说：“我就是那嫦娥转世。”

由于自恋型的人在潜意识中通常都有一个“角色脚本”，他们会按照这个脚本来设计自己的生命，或者说，以自己的生命尽可能完美地再现那个角色、实现那个角色。因此，他们往往是无自我的。吐血者也缺乏自我，但生命能量是投向外部的；自恋者则将生命能量投向内部。

虽然看上去，他们有一定的自我表演性，也很欣赏自己，似乎有自我。但是，实际上，他们的生命内质中没有真正的自我，不能面对生命中的变化，不能接纳生命中的变迁。在某种程度上，他们缺乏现实感，也缺乏与现实世界的互动和适应。

自恋者喜欢活在自己所构筑的精神化的世界里，为了扮演好心中的角色脚本，可以不惜付出任何代价。他们爱上的，其实是自己恋自己的那种感觉，而非自我——正是在这个意义上，我们称之为“自恋”。

在现实层面，自恋型的人比一般的人更能承受独处、安静、孤单，并且，他们非常善于安排自己的生活，不易受到外界的干扰，善于自我满足。内心体验十分地丰富，所不同的是，从小被溺爱的人比较善于表达，而从小严重缺爱的人不太善于表达。前者性格更为外倾、感性，后者更为内倾、理性。

最后小结一句：自恋型的爱，是封闭的爱。流动的爱才是健康的爱！

二、父母关系影响孩子

父母是家庭的第一关系。父亲与母亲之间相处愉快，家庭气氛就会和谐、轻松，孩子很容易受到感染，心里也会满足、快乐。

关系良好的夫妻，既重视夫妻关系的质量，也不一味排斥冲突，只是使冲突变得较为舒缓，而且不经常发生。避免冲突型的夫妻，因为要不断克制生气而使双方都感到不舒服。相比亲密的夫妻关系，他们更看重婚姻的社会意义和家庭的功能。敌对型夫妻打从一开始就向着分离（至少是精神分离）的方向去发展。多变型的夫妻，常常陷入紧张的情感冲突，但同时又是积极的、热情的、互动的，只是不够稳定，难免让孩子紧张。

在婚姻关系中，最具伤害性的冲突方式是批判、蔑视、防御和抵制。这种伤害性不仅直接影响夫妻关系，也会波及孩子。夫妻之间的互动，如果是恶性的循环模式，那么，持续的时间越久，双方越容易被各自的消极情绪所吞没，越容易激发相应的生理体验。

为了回避这些痛苦的情绪和生理感受，夫妻二人往往会自然地滑向疏远的状态。孩子也不由自主地疏离父母，家的吸引力黯然失色。有的孩子在疏离父母之后，转而投向家庭之外的某个人或某个小团体，重新寻找归属感；有的孩子不仅疏离父母，还会主动地疏离老师、同学以及所有关心他的人，因为他不再相信还有谁是真的爱自己、在乎自己的感受。

还有一些孩子没有选择疏离父母，而是决定“卷入父母的婚姻”，他们选择拯救父母的婚姻，拯救自己的家庭。他们要么发奋学习、要么讨好父母、要么不停地生病、要么拼命挣钱……

案例

有一个17岁的女孩儿，自从上了重点高中，压力倍增，自信心也快速地消退。一次偶然的机会使她接触到街舞。她发现，自己在跳街舞的时候，感觉很自信，也很快乐。她一下子就喜欢上了街舞，还报名参加了一个街舞学习班，但对学校里的学习生活越发地不感兴趣了。

为此，她和父母之间经常发生争执，与母亲之间的矛盾更为激烈一些。父母认为，跳街舞可以，但不能不上学；作为一个渴望长大的青春期的孩子，她的心里也很委屈，总觉得父母不理解自己，尤其对母亲的严格约束和口不择言感到不满。这种冲突导致她家里时常出现一种模式化的情境：她表现成熟、懂事时，父母的赞赏与认可很少；她表现任性、情绪泛滥时，父母会急切地关注她。

实际上，这个模式强化了孩子的任性和情绪泛滥。因为孩子的内心深处会发现，只有表现不好的时候才能获得父母更多的关注。虽然被父母指责、说教、甚至斥骂，自己的感觉并不舒服，有时会非常难过，但是，这毕竟可以为自己带来更多的关注。孩子总是希望自己被关注的，这样才会有存在感——“因病获益”由此形成。

她的母亲是个高学历的知识分子，很有事业心，但为了家庭，为了孩子的入托、上学，她付出了很多，甚至牺牲了自己的事业，心里积压了太多的委屈与无奈。这使得她对女儿寄予厚望，下意识地将自己的成就动机强加给了孩子。当看到女儿并没有按照自己的设想和期望去发展时，心中的委屈和无奈便会加重。好像无论怎么努力，自己都无法改变孩子，于是，这些委屈和无奈逐渐转化为无助感。

这位母亲生性好强，她是不肯“示弱”的。所以，她常常以更有力量的、愤怒的情绪来掩盖心底的无助感。譬如，她时常对丈夫发脾气，说什么“干脆离婚”之类的话。而丈夫是一个很柔和、很包容的人，从来不跟她计较这些。丈夫的这种柔和与包容更加促成了她的“强势”。

对于深爱妻子、十分理性的丈夫而言，“离婚”这种话不算什么，他知道妻子不是认真的。但是，对于孩子来说，特别是孩子年龄比较小的时候，她分不清妈妈的这种话到底是随便说说的，还是认真的，所以，她会感觉很害怕。尤其是家里气氛比较紧张时，她会更加害怕。没有哪个孩子希望自己的爸爸妈妈分开，她多么希望自己能够做点儿什么，能够把这个家保住。

某一天，她喜欢上了街舞，并借助街舞来逃避学习上的困难，从而引发新的家庭冲突……可是，她突然发现，这时候妈妈好像顾不上说“离婚”的话了，反倒倍加关注自己——那一刻，在这个孩子的潜意识里，也许激起了一丝窃喜：原来这样就可以不让爸爸妈妈分开了！

分析至此，我们似乎终于理解了这个家庭里的种种纠结：为什么这个孩子坚持任性和情绪泛滥；为什么她总是下意识地保护爸爸，认为是妈妈“恶语相加”，总在欺负爸爸，说什么“离婚”的话；为什么孩子会在父亲节那一天，亲手做了一顿饭，并在饭桌上提议共同举杯，并娇柔地说：“咱们三个还没碰呢”；为什么当心理咨询师鼓励父母收回注意力，更专注于各自的事业和夫妻关系时，孩子猛然变脸，冷冷地说："我不相信他们能改变！"……

原来，这个清秀纤瘦的女孩儿宁愿承受不被理解的痛苦，宁愿付出放弃学习的代价，也要坚持用自己的方式去拯救父母的婚姻，留住家！

案例分析

写完这个故事，我很难过。因为在现实生活中，还有很多很多这样的孩子，有的孩子采取的方式非常极端，有的孩子付出的代价是难以想象的……最令人痛心的是，他们并不真的知道自己在做什么，而他们的父母也不知道。

很想在这里恳请父亲、母亲们：请不要让孩子来拯救我们的婚姻！

无论怎样，为了尽可能减少夫妻关系对于孩子的消极影响，有两点很重要：

1. 丈夫要常常在孩子面前赞美自己的妻子，妻子也要常常在孩子面前赞美自己的丈夫；

2. 如果夫妻离异，不可以当着孩子的面说对方的坏话。

说到夫妻离异，不禁想起心理学家尼克斯（Nichols，1988）曾经提出，离异的夫妻应该完成三个任务，这也同样适用于处在分居状态的夫妻：一是接受分居或离婚的现实，而不去纠缠是谁提出的分居或离婚；二是解决随之而来的情感问题与心理问题；三是制订自己想要做的事情的计划。

著名电视节目主持人孟非在《非诚勿扰》中说过，离异家庭有四种情况：第一，母爱缺失；第二，父爱缺失；第三，都缺失；第四，都不缺。

孟非讲得非常有道理。其实，无论婚姻状况如何，父母总是有选择的，特别是对于孩子。

案例

曾有一个小学二年级的女孩儿，在将近两个月的时间里持续低烧，吃饭没胃口，越来越不爱说话。经检查，身体没什么问题，医生也说不清楚是为什么。严重时家长只能向老师请假，让孩子在家休息。

后来，妈妈带孩子去做心理咨询。妈妈反复跟咨询师保证，这个孩子一直跟父母的关系很好，父母也非常疼爱她，从未让她受过什么委屈，在发生持续低烧、缺少食欲这些问题之前，她过得十分快乐。

在与心理咨询师的单独沟通中，妈妈终于承认，三个月前她曾向丈夫提出离婚，但是丈夫不同意。她仔细想了想，决定先分居，因为她很难想象离婚之后孩子会受到怎样的影响，也无法确定自己是否真的能够承受离婚可能带来的一系列问题。为了“不影响”孩子，妈妈谎称最近自己身体不舒服，需要安静地休息，于是，爸爸就独自睡到书房里了。

在这之后不久，孩子开始做噩梦。每当爸爸或妈妈要出差的时候，孩子就表现得很紧张，说是害怕他们可能再也不回来了。有一次，妈妈周六早上赶往外地参加一个好朋友的婚礼，周日晚上才回来。她一进门，孩子就哭了起来。不论怎么哄，她都是一个劲儿地哭，什么话也不说。次日，开始发低烧……

实际上，即使父母没有当面讲过他们之间的问题，家庭的气氛也会发生微妙的变化，孩子会因此感到压抑和难过。并且，对于这种状况，孩子充满了无力感。

经过咨询师的分析和建议，爸爸妈妈决定勇敢地面对——他们回到家里平静地告诉孩子："爸爸和妈妈之间有些问题要解决，但是跟你没关系。我们会努力处理好的，你就放心吧。不管怎么样，我们永远爱你！"

当晚，爸爸搬回卧室。他们决定用沟通解决问题，并且答应咨询师，如果沟通的效果不够好，就一起来接受专业辅导。

原本他们担心这么小的孩子怎么可能理解大人之间的事情，没想到，当夫妻二人坦诚相告之后，孩子长长地出了一口气："哦，这样啊。"一周之后，她竟然基本康复了。

案例分析

这个孩子再也不用忍受不祥的预感和模模糊糊的恐惧了。她终于摆脱了"不清楚"的折磨。

虽然小女孩儿无辜地经受了一段痛苦，但是，从结局来看，她的爸爸妈妈还是挺棒的！毕竟，他们敢于根据自己的问题来看待孩子的症状，并最终选择用面对和沟通的方式去解决问题。这种责任并非每一位父母都有勇气去承担的。

请离婚或再婚的父母，始终记住孩子所要的基本要素——爱；有效的抚养；父母和睦。

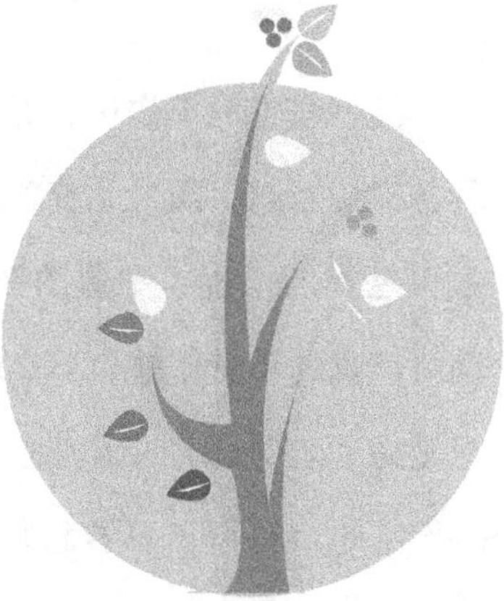

第八章

父母的自我成长

在心理咨询工作中，经常会听到家长抱怨自己的孩子有着各种各样的问题，既为此着急，又忍不住将责任归因于外界，诸如：家里老人的干扰、配偶的教育方式不正确、学校环境的不可控、网络信息的不良传播、不良同伴的蛊惑……其实，把责任往外推，只是为了减少自己的压力感，并不能解决所有的问题。

比如，自行车丢了，如果我们骂："小偷真可恶！"这是没有用的，下次可能还会丢。如果我们反省自己："我以为离开一会儿没事的，所以没上锁。以后要注意。"那么，以后很可能就不再丢车了。

因而，好父母并不需要完美，不需要丝毫不犯错误。如果父母真的很完美（虽然那是不可能的），从不犯错误，那绝对是一场灾难！因为这样的话，他们的孩子除了自卑之外别无选择。

作为父母，更需要的是勇气——勇于承认错误的本质和原因，勇于承担自己的责任。

请放下我们的"难为情"吧。真诚地接纳自己，勇敢地成长自己，方为上策。

一、关系大于教育

请天下最辛苦、最无私的中国父母们真诚地回答几个问题：

您的孩子感受到您的爱了吗？

您为孩子付出了那么多，孩子把这些叫"爱"吗？

当孩子梗着脖子说：“我让你生我了吗？！”“我不用你们管！”您的感觉是？

您爱的是现实中的孩子，还是您心目中的孩子？

回答完这几个问题，可能很多父母都备感委屈：我们为了孩子付出太多太多，可是，为什么他们不理解我们的苦心？为什么他们还感到莫名其妙的委屈和愤怒？是我们出了问题，还是孩子出了问题？

我曾经认识一个大学一年级的男生。妈妈从小到大给予他无微不至的关怀，在咨询室里，他却愤愤地说：“我讨厌我妈！当我这么说的时候，我也讨厌我自己，觉得我很不孝。”离咨询最近的一次事件是，放假回家，他在自己的房间里看书。妈妈推开门，端着一盘削好皮、切成牙儿的苹果走进来，笑眯眯地说：“吃点儿苹果吧。”他说：“妈我不想吃，你放那儿吧。”妈妈拿起一块儿硬塞到他嘴里：“吃吧。”然后转身离开。他把门关上了。过了一会儿，妈妈推开门，端着一盘剥好皮、切成段的香蕉走进来，他头也没抬，有些别扭地说：“妈，我现在不想吃东西，你端走吧。”妈妈执意将香蕉放在了他的电脑桌上。他再次关上门。大约半小时后，妈妈敲了敲门，但没等他回应，妈妈就径直走到桌边，准备把半个西瓜放在桌上。这时，他突然暴怒，猛然起身把桌上所有的水果哗啦一下子推到地上，还狂吼：“我跟你说了，我不吃！不吃！不吃！你这是干吗呀？！”妈妈潸然泪下，怔了一下快速离开房间。他站在那里，不知所措，听着妈妈的哭声，他既生气，又后悔。他跟我说，“我也不知道为什么，那个时候的我特别委屈……”

看到这里，也许您会说，这孩子真不知好歹，惯坏了！……也许您会说，这做父母的，就是欠孩子的！操碎了心，还不落好！……

其实，在现实生活中，最常见的一种情况是：父母有父母的委屈，孩子有孩子的委屈，大家各有各的理，可是谁也理解不了对方。

确切地说，不是“理解不了”，而是“不想理解”“不愿理解”，或者“不知道怎么去理解”。追其根源，是家庭里的教育理念出了问题。教育孩子当然是父母不可推卸的责任，但是，在教育实施之前，关系是最重要的！

父母与孩子之间相处融洽，家庭气氛温暖、畅通，无论父母说什么、做什么，孩子都会表示尊重。反之，如果父母与孩子之间并未建立起真诚、信任和温暖的情感关系，父母说的再有道理，父母自身的工作事业再优秀，孩子也会有抵触情绪，再好的教育方法也难以见效，孩子会变得要么反叛、要么粗暴、要么懦弱……

这个道理不仅适用于亲子教育，也适用于心理咨询，甚至适用于迷信——信则灵，不信则不灵。

心理咨询的职业操守要求咨询师高度重视咨访关系。如果来访者打心底里不信任心理学，也不信任心理咨询师，那么，咨询师不管运用什么疗法，都很难帮助来访者解决心理问题。因为，不信任本身就是这类来访者的心理问题。因此，真正优秀的咨询师，懂得通过第一次的电话预约，通过第一次的初诊接待，尽快地建立起来访者的安全感和信任感。我们总是努力让各种各样的来访者尽快感受到，心理咨询室是一个安全的地方，心理咨询师可以无条件地接纳他。无论他们在咨询师面前开放怎样的伤痛经历、暴露怎样歪曲的价值观、释放怎样激烈的消极情绪，我们都不会批评和责怪他们。相反，我们会尽力去理解他们语言和行为背后的深层信息，比如，情绪感受、动机、需要等。如果有来访者表现出自杀或者伤害他人的想法或冲动时，我们会毫不犹豫地采取一系列措施，尽力去保护所有相关人员的安全。

希望以上这段话能给各位家长带来一点启示。

家庭教育的成功，从来都不是靠方法，更不是靠技巧，而是靠关系！

没有关系，就没有教育。关系大于教育。

二、情绪管理

生活中，我们常常对“情绪”这个词有误解。例如，我们会说某个人“闹情绪”，好像“情绪”不是一个好东西。其实，情绪只是我们对于环境的一种反映。环境可以是外在的，诸如，山水、风云、事物、其他的人；也可以是内在的，诸如，自身的生理需求和精神需求。环境可以是看得见的，也可以是看不见的。当环境满足我们的某种需求时，我们就会产生积极愉悦或者平静的情绪，反之，则引发消极的或者不平静的情绪。

任何环境的变动都会唤起我们的情绪。情绪本身从来都不是问题。它的出现犹如一个信号—— 一个绝对诚实可靠的信号——提醒我们：要去关注内心的感受，要去处理一些事情，好让我们活得更健康、更轻松、更快乐。

情绪只是反映我们内在的感受，并无好坏之分，也无应该与否。

每种情绪都有其独特的价值，使我们体验完整的生活。因而，情绪需要被管理。也就是说，我们拿它是有办法的。而非简单地压抑、克制，我们完全有办法让情绪合理地释放或疏解。经过合理释放和疏解的情绪，对于亲子沟通、人际交往、事业发展乃至整个生活都有正面的帮助。

既然提到“管理”，就一定有具体的方法，而且按照这些方法去做，多练习，一定要收到好的效果。否则，就无所谓“情绪管理”。

您相信情绪可以被管理吗？如果您认为，“我就是这个脾气，我也没有办法”。那就是不相信情绪可以被管理，也就无从管理情绪了。事实上，情绪不但可以被管理，而且比起其他的很多事情来，您在情绪方面拥有更多的自主性。因为它跟别人没有太多的关系，完全是您自己在做决定。

还记得巴甫洛夫著名的狗实验吗？他给狗食物的同时，在狗看不见的地方拉响电铃，狗因见到食物而分泌消化液。反复数次之后，他走进实验室时只是拉响电铃，不给食物，狗依然分泌消化液。这就是著名的“条件反射”实验。巴甫洛夫本人也因此获得了1904年的诺贝尔奖。

假如我们将这个实验变得不规则：实验员有时拉电铃、给食物，有时拉电铃、用低伏电压去电击狗，有时只拉电铃、不给食物，全无规律……那么我们可以想象，每当电铃响起的时候，狗就很可能焦虑不安，它就会想：“我是应该分泌消化液呢？还是应该立即逃跑？”

因而，管理情绪的第一步是，我们得知道自己当下处于哪一种具体的情绪。然后，才能针对这个情绪进行所谓管理。如何实现呢？

暂停——自我觉察——明确情绪——做出选择。

比如，我此刻的感觉是愤怒？是委屈？是失望？还是害怕？抑或是，貌似生气，其实更深层的感受是委屈？……确定后，我的选择是：肆意发泄？沉默压抑？找个适当的机会跟对方交流？还是立即直接表达？……假设我选择立即直接表达，这意味着“我决定不压抑自己”。但是，情绪管理工作到这里并未结束，因为“我”是“情绪的主人”，“我”继续拥有自由，还可以做一次选择：不压抑自己的同时，是伤害对方？还是不伤害对方？

如果父母有了消极情绪时，完全不懂得“暂停”，不去觉察自己，更不想去明确什么，那也无从谈及情绪管理了。父母想怎样就怎样，孩子会因此而焦虑不安、内心惶恐，不知道应该如何应对，孩子的内心会冲突。内心冲突积累到一定程度，将损害身心健康。长期生活在这样的环境里，孩子就会被迫做出选择：要么紧张焦虑，要么抑郁无助，要么离家出走，要么用生病的方式保护自己。

因此，简单说来，父母若是不注意管理自己的情绪，甚至口不择言，话一出口，孩子就会有自己的解读，然后带来不同的反应，这又变成对父母的刺激。最终，还是要由父母来承受。

美国斯坦福大学生理学家艾尔玛教授曾做过一个很著名的实验——气水实验。他把人在生气、悲伤、烦恼时所呼出的气收集好，把这些气通过一个管道输入到盛有药水的瓶子里，瓶里水的颜色就会发生改变。他发现，人愤怒时呼出来的气，导致水变成了紫色；悲伤时呼出来的气，导致水变成了灰白色。他把变紫的水抽出来注入小白鼠体内，几分钟后小白鼠抽搐、死亡。可见，我们在生气时，体内是分泌毒素的。而且，有数据证明，生气3分钟所消耗的生命能量相当于跑步3000米。

由此可见，任由情绪来主宰我们，后果可能会非常严重。所以，我们不论是作为父母，还是社会人，都需要修己安人。此处的“修己”，是指能够处理好自己的情绪。情绪平稳，待人做事才可能有好的结果。此处的“安人”，则指有办法让别人情绪稳定。——这才是完整的“情绪管理”。

对于父母来说，掌握情绪管理的方法，是为了建立起实施家教的重要前提。有了这个前提，父母与孩子情绪稳定，彼此才可能建立起共识，针对具体的事情才有商量，才有解决，家庭教育也才能真正地有效实施。有了这个前提，情绪管理就不再是单独存在的东西，而是渗透在亲子互动当中，从而情绪管理在家族里一代一代传承下去。

举个简单的例子，人在生气的时候，说话的声音会变高。所以，当一个人的说话声突然变高时，身边的人就知道他生气了。常常发生的情况是：你高，我要比你更高！仿佛声音越高，越能压过对方，就越显得自己有理。于是，两个人的声音都一次比一次高，情绪迅速升级，甚至失控。

如果我们反其道而行之，当对方的说话声音变高时，自己的音量不放大，保持之前的音量，对方的音量通常会随之降下来；如果对方更大声，自己就更小声，慢慢地，对方就会小声下来。这个效果一定会出现，因为对方会按照你的标准来回应。这就是刺激与反应的频率问题。

诚然，这只是一种消气的技巧，治标不治本。诸如此类的小办法有许多，譬如，找个枕头猛捶一通、把一堆废报纸剪碎、喝醉了睡过去……短时间里奏效，久用未必有效。因为问题还在那儿，没有解决。治标的办法对于沟通和关系本身并无建设性。

治本的情绪管理方法有不少，本书介绍三个非常适用于亲子沟通的方法。

1. 核对

管理情绪的目的不是让自己没有消极情绪，从此不再生气和悲伤，而是让我们的情绪尽量减少破坏性，尤其是对身心健康和人际关系的破坏性。

最让人烦恼的不良情绪常常发生在人与人的互动关系当中，而很多时候，我们之所以不开心，是由于我们根本没有弄懂对方的意思，甚至没有兴趣和耐心去试图了解对方真正的意思。为此，我们需要学会如何真正听懂对方的意思。有一个办法很简单，就是——核对。

国际著名心理治疗师维吉尼亚·萨提亚（1916—1988）是家庭治疗的创始人。她教给众人如何更好地照顾自己，以发展出健康的家庭生活，如何进行清晰的、坦诚的沟通，如何面对人与人的不同。

她在《新家庭如何塑造人》一书中谈道，“如果你不想听或是没法集中注意力，那么，也不要装出正在听的样子，就坦诚地说：‘我现在没法集中精神。’这样的话，你就会少犯错误。这对任何交流都适用，对大人与孩子之间的交流将更适用。要想能够顺利地听完对方的话，需要做到以下几点：

1. 听者必须集中精神，投入全部精力。

2. 听者不对说话人将要说的话做任何的猜测。

3. 听者要描述性地说明自己听到的，而不能妄加判断。

4. 对有疑义的地方，听者应该能觉察出来，并及时提问，将问题澄清。

5. 听者应该要让对方知道他在倾听，而且明白对方所讲的意思。”

萨提亚建议，通过核对，实现良好的沟通。

【“核对”练习】

步骤一：A对B说一句话。

步骤二：B对A说：“你的意思是……”A只回答：“是”或“不是”。

步骤三：当B得到A的3个“是”之后，B问：“你真正的意思是……”A做出最后的回答。

示例1

孩子：妈妈，我觉得上学没意思。

妈妈：你的意思是，你今天上学不太开心？

孩子：嗯，是的。

妈妈：你的意思是，你不想上学了？

孩子：不是啊。

妈妈：你的意思是，你想让我知道你今天在学校过得不开心？

孩子：是的。

妈妈：你想让妈妈做点儿什么，对吗？

孩子：是的。

示例2

妻子：老公，这个周末咱们带孩子出去玩玩吧？

丈夫：你们去吧。

妻子：你的意思是，你不想跟我们一起出去玩儿？

丈夫：不是啊。

妻子：你的意思是，你有事？

丈夫：也没什么事。

妻子：你的意思是，你想在家休息？

丈夫：嗯。

妻子：你的意思是，你最近累了？

丈夫：是啊，是挺累的。

妻子：你需要我为你做点儿什么吗？

丈夫：你能陪陪我就挺好的。

请您设想一下，如果在示例1中，妈妈的第一句回应是："上学没意思，那干什么有意思啊？你整天就想着玩儿，长大能有什么出息？！"后果是……如果在示例2中，妻子的第一个反应是："敢情孩子是我一个人的，是吧？！你怎么那么自私！"后果将……

现实生活中，倘若我们经常使用"核对"，不要说是得到对方的3个"是"，哪怕只得到1个"是"，那么，引起误解、激发消极情绪、伤害感情以及破坏关系的概率，也会大大降低吧。

然而，我们人类非常有意思，脑袋里装着许许多多的"想当然”。例如，我们想当然地认为家里人应该理解自己，应该能听懂自己所有的话，特别是配偶。“我们在一起生活了那么多年，他怎么会不懂我呢，他应该明白我呀。”

假如您抱有这样的想法，情绪就无从管理了。因为这个想法的潜台词是：“我不高兴，都是你惹的我！”进一步说，“我的情绪是由你来支配的”。看到这里，您是不是觉得逻辑上好像出了什么问题？

因此，无论在家里，还是职场上，多跟对方核对一下，可以避免很多不必要的麻烦。

2. 建设性表达——“我信息”

情绪是一种心理能量，以我们的身体为载体。生气时身体会变热，“怒伤肝”；害怕时身体会变凉，“恐伤肾”。如果长期积压消极情绪，或者瞬间体验过于强烈的情绪（包括积极情绪），“身”或“心”就会受到损伤。

所以，对于情绪，我们总是需要去表达的。不表达不好，乱表达更不好。人与人之间的许多误解、隔阂和伤害，都是由于表达不当而造成的。

您平常习惯用哪种方式表达情绪呢？我们先邀请各位爸爸做个现场练习。

假设孩子对您说：“我妈太爱唠叨了，烦死了。”请问，您会选择哪一种表达方式回应他？

1. “你妈唠叨还不是为你好！”

2. “你这孩子，怎么能这么说你妈！”

3. “没错，你妈是挺唠叨的，我也烦。”

4. “妈妈爱用唠叨的方式教育你。”

5. “妈妈的叨唠好像让你不太舒服？”

6. “那你希望妈妈用什么方式跟你说话？”

……

有没有一种表达方式，让我们既不压抑自己，也不伤害别人呢？现在，我们就来学习一种建设性的表达方式——“我信息”。

使用“我信息”进行表述，是将表达的焦点放在自己的身上，这样不仅可以明确我们自己的情绪感受，还有助于对方的理解，从而促进沟通。

以下是同一情境的两种表达方式，请仔细体会您的感受：

情境1

A. “你怎么老惹我生气！”

B. “我现在很生气。”

情境2

A. “你就是这么自私！从来都不让我把话说完！”

B. “刚才你打断我的时候，我挺生气的。”

很明显，A的表达中带有更多的评价色彩，批评对方的性格，谴责对方的行为，仿佛有许多抱怨的话还没有说完。并且，在这种泛泛的抱怨和不满中，容易使用概括化或绝对化的词语，诸如，“从来”“总是”“一直”“绝不”“根本”……所以，我们就不难理解，为什么这种表达方式能够使两个人的情绪迅速升级、愈演愈烈了。

而B的表达没有任何评价的色彩，更是一种表述——只是陈述自己的情绪感受。特别是在情境2中，先描述对方的行为，再表述自己的情绪，就使对方非常清楚，是自己的哪一个具体行为让对方不高兴了，而不是被泛泛地指责了。由于没有评价，就不太容易激惹对方，可以有效地避免双方情绪升级。

在此基础上，还可以进行更加完整的表达——告诉对方，您的愿望是什么。

以上述的情境2为例，可以先清晰地表达自己的感受：“刚才你打断我的时候，我挺生气的。”然后，告诉对方，您的愿望：“我希望以后在我说话的时候，你尽量听我说完。”

如此一来，对方不仅明白了您不开心的具体原因，也清楚地知道了您希望他以后怎么做。

小结一下，“我信息”之所以具有建设性，原因在于，它传达给对方的都是正能量：我尊重你；我理解你的感受；我相信你的能力；我相信你能为自己的行为负责；我愿意倾听你；我愿意帮助你；我愿意承担我的责任；我愿意表达我自己……

那么，从此时此刻开始，我们就把那些传达负能量的话语拉入“黑名单”吧：

黑名单

不要那样做！（命令）

你必须按照我说的去做！（提出方案、命令）

你最好乖乖的，否则你试试看！（警告）

你明明知道不应该这么做的呀。（说教、谴责）

你怎么这么不听话/不让人省心。（批评）

你这孩子太讨厌了。（辱骂）

你敢怀疑/顶撞我！（消极评价）

你通常是个好孩子啊。（貌似正面评价，实为否定）

你以为你是谁啊！（讽刺、打击）

关于“我信息”，请父母注意三点。

第一，“我信息”需要学习和经常练习，否则，可能会走入误区。

例如，有些父母在刚开始使用“我信息”时，以为只要是以“我”或者“我觉得”开头就可以了，忍不住对孩子说出这样一些话：“我都快被你气死了！”“你这么做就是偷懒，我感到很难过。”“我感觉你在撒谎。”“你这孩子明明就是故意的，我很生气。”……

这些都不是真正的“我信息”，而是指责、批评和不信任，不但不具有建设性，反倒有可能破坏亲子之间的沟通和关系。

第二，即使父母熟练掌握了“我信息”，它也不可能每一次都立竿见影。

当孩子已经习惯了父母以往的表达方式，或者出于当下的自我保护，可能会有意无意地表现出“没听见”。遇到这种情况，父母可以再次使用“我信息”。譬如：“我正跟你说话，你掉头就走，我感觉被忽视了，心里确实很难受。”“我正说我的担心，你都不理我，我真的不好受。”

第二次的“我信息”，传达出一个新的信息：“父母是认真的。”即使孩子表面上没有做出什么反应，他的心里面其实是“听到了”。他会知道，父母是真的很想跟自己沟通。

第三，孩子以“我信息”的方式进行自我防御时，建议父母立即“倾听”。

有时候，父母刚进行了“我信息”的表达，孩子会效仿父母，也“我信息”一番，并以此堵住父母的嘴。例如，妈妈说：“你放学回来，把书包和衣服乱扔，我又得收拾，又得赶着做饭，让我感觉很累，也很烦。”儿子回应道：“我在学校已经很累了，老师唠叨了一天，我也很烦。妈妈，我希望你能让我轻松一下。”

这种情况是个好兆头。因为孩子正在表达自己的感受和问题，父母可以抓住机会，以“倾听”的方式进入深一层的了解和沟通。同时，用这种少说多听的方式传达出对孩子的接纳和重视。

3. 倾听

几乎每一个人都渴望被倾听。倾听是我们的心理需求，而不仅仅是一种沟通方式。

倾听是一个主动引导、积极思考、澄清问题、建立关系、参与帮助的过程。它是一种积极的听，认真的听，里面有倾听者的关注，也有倾听者适当的参与。就人际沟通而言，很多时候，听比说更重要！

只有被动的倾听才是沉默的，没有反馈的。主动的倾听，是试图听懂对方真正要表达的是什么，听懂对方的潜台词。

例如，有的孩子会因为某个不合理的要求没有被满足而大声哭闹，理性告诉我们，切不可因心软而改变立场。于是，问题来了：第一，透过哭声，我们听到了什么？第二，怎样把我们倾听到的信息有效地传达给他？请设想一下，如果这样处理，效果会怎样？

您走过去，轻柔地说："你是不是很不开心呀？看见你这样，我也不舒服，我很心疼你。"如果孩子拒绝您的关怀，您就先走开，过一会儿再回来，继续说同样的话。

这么做，就是想让孩子知道：你的要求不合理，我是不会答应的；但是，你的情绪，我可以理解，也愿意分享。慢慢地，孩子的情绪管理模式也会随之改善，他将学会如何用更健康、更有效的方式处理类似问题。

倾听不是一种简单的技术，它是一种态度，一种与生命沟通的态度。

一个有效的倾听，至少包含三个重要方面。通过有意识的训练，父母完全可以掌握。

首先，投入的身体姿势。

倾听小孩子时，我们可以通过明显的身体姿势让他感受到——“我在听”。诸如，握住孩子的小手；用手搭在孩子的肩上；眼睛专注地看着他；眼神充满爱意和温暖；尽量排除环境里的噪声；等等。

其次，追随孩子的表达。

尊重孩子的意愿，不强迫他开口说话；多听，少说；鼓励孩子用自己的方式表达想法和感受；不随意打断；询问时，最好一次只问一个问题，以免造成困扰或中断孩子的思考；等等。

最后，适时给予反应。

简要地复述孩子说话的内容，以及直接表达对于孩子感情的理解。尤其需要掌握的是，说话要简洁，语句要精简！有些父母在跟孩子对话时，说个没完没了，如黄河之水滔滔不绝，再有道理的话，也被孩子听烦了。其实，小孩子正是因为耐性有限，才能够学得又多又快。所以，父母最好能够用简短的两三句话把最核心的信息表达清楚。否则，倾听的效果就大打折扣了。

好父母学会倾听，是为了了解孩子的成长过程、思维内容、人际交往状况、发生的重大事件（对于孩子自己而言）、创伤性体验或经历，了解并理解孩子内心的情绪感受。

（1）倾听有声语言

就倾听有声语言来说，目的不同，做法不同。

如果父母想更多地了解孩子，就鼓励他想到哪儿说到哪儿，引导他尽量具体化，这样可以最大限度地了解事实真相，也能够避免过早地下结论。

如果父母想深入了解孩子的某一个问题，就要看孩子是否善于表达了。有的孩子善于言语表达，就某个具体问题，可以讲很多的话，父母只需从中摘取相关的信息即可。

可是，有的孩子不善言谈，父母则可以运用恰当的提问来收集有效信息。提问时注意两点：一是语气语调；二是不要过多使用封闭式提问，以免造成孩子被动地简单作答。比如，“是”或“不是”，“有”或“没有”，“对”或“不对”等。例如：“你现在只关心这件事，是吗？”“你到底有没有这么想过？有还是没有？”

不论是怎样的目的，倾听不是简单地了解“事”，还关注“情”。毕竟，决定一个人情感情绪以及行为的，不是“事”，而是“事”背后的信念、态度、想法和解释。

好比说，一个人失恋了，决定他情绪和行为的，不是这件事，而是他如何看待这件事。假如他相信爱情值得付出，认为对方离开是对方的损失，他在痛苦一段时间之后就能振作起来，遇到下一段感情时，仍会真诚付出，也就有可能收获幸福。假如他失恋后再也不相信爱情，认为自己的人生很失败，再也不可能拥有幸福，那么，他重新开始情感生活的勇气就会大大减少，自卑和绝望也很难让他再次全情地投入、真诚地付出，幸福很可能从此离他越来越远了。

因此，倾听有声语言的同时，不能忽略语言背后的信息——

那些没有直接说出来的话。

当孩子说："我不想上学了"，您听到了什么？您只听到了他的想法？还是，既听到了想法，也听到了隐藏在这个想法背后的不开心？试想，您若回应孩子说："听上去，你好像在学校挺不开心的。"他会因此更爱您，还是更疏远您？

（2）倾听无声语言

无声语言属于非语言信息，常被用来表达或传达内心的情绪感受。

人与人之间交流时会大量使用无声语言，而且多为下意识的。这些下意识的无声信息往往比说出口的话更诚实、更靠谱。

例如，当一个人内心紧张或冲突时，会做出一些彼此不相关的小动作：不停地眨眼、摸脸、挠头、拉耳垂、双手到处摸索、揉搓双手、手指不停地摆弄衣服、膝盖或脚尖有节奏地抖动、双手紧紧地插在衣兜里、没有烟灰却不停地弹烟灰、不停地将盒子开开关关……

要想尽快读懂孩子，走进他们的内心世界，不得不重视无声语言。有些孩子还有自己独特的微表情（譬如，一说谎就出汗，一紧张就用手揉鼻子等）。这些都需要爸爸妈妈们学会立体地观察。

A. 面部表情

面部表情最细微精确，也最真实可靠。

面部表情所传递的情绪感受，常常决定着亲子交流的进程和方向。例如，孩子放学回来，一进家门就眉头紧蹙，低头不语，时不时地搓手或咬嘴唇，这表明他正处于焦虑的状态，甚至心里憋着一些话，不知该不该说出来。

眼神是我们可以赖以信任的心灵之窗。芬兰的心理学家曾经做过一个实验，由专业演员表演各种情绪，拍成照片，然后把这些照片横着裁成细条，只挑出双眼部位拿给人们去辨认。结果，回答出准确情绪的正确率竟然非常之高。

因此，在亲子交流的过程中，父母与孩子是否进行目光接触、接触的频率、持续时间的长短、什么时候接触、什么时候不接触，都携带着特殊的意义和信息。比如，孩子说话时很少看父母的眼睛，甚至回避目光对视，这就是人际沟通有障碍的表现，并且，这样的孩子比较自卑，自尊水平比较低；或者，羞于谈论当下的话题；或者，心里压抑着不满或愤怒，当下不愿或不敢表露。

同时，父母还要关注孩子对自己的反应。当父母说话时，孩子的眼神里有可能透露出疑惑、惊奇、委屈、伤心、害怕、开心等不同的色彩。最重要的是，通过观察孩子眼神里的反应，可以迅速知道他对哪些话题更关注、更有情绪。

嘴部有其特殊性。许多无声语言与面部整体的神经、肌肉活动有关，而嘴部的细微动作可以直接传达出当事人的内心活动。譬如：微笑、不屑、不满、委屈、思索、下定决心等。

B. 声音特征

音质、音量、语调、语速、语音的节奏等，都能够传达出复杂细微的感情。在这些声音特征中，音质是相对稳定的，其他特征则可以变化万千。

例如：单调的声音代表厌倦；音量较低、语速缓慢代表沮丧；逐渐升高音调，往往是因为震惊；言辞简练而声音很大，意味着说话者生气了；声调高并且嘈杂，则传达着不信任……

有时候，孩子说着说着突然停顿了，这个“休止符”是非常有意义的。

难以继续的停顿，很可能是因为他此时此刻正在努力克制某种激动的心情，如愤怒、悲伤、委屈、愧疚等。此时，父母最好暂时收回原本想说的话，而立即去关心孩子的心情。可以用沉默表示接纳和等待，也可以直接鼓励：“有什么不舒服就说出来吧”，“看上去，你现在好像挺难过的，想哭就哭吧，没关系。”

如果是故意的、理智的停顿，表明孩子希望自己所谈论的话题能够引起父母的注意，或是希望看到针对当下这个话题，父母是什么反应。这时，比较妥当的做法是，父母真诚地表达自己的想法。

C. 肢体表情

说话时的手势、四肢和身体的姿势及其变化，都在交流过程中发挥着不小的作用。在相同的文化背景下，人们的肢体动作所传达的内心感受颇为相似。

以我们中国人常见的一些手势为例：

· 手呈荷包状或拇指碰食指：精细、准确；

· 空拿："差那么一点儿"；

· 手剁：攻击性，希望得到强制性结论；

· 手剪：强烈拒绝，否定；

· 手戳：针对听者的攻击性；

· 食指向上：威胁，颇具敌意；

· 双手掌心向上：哀求；

· 双手掌心向下：安抚；压制；

· 双手掌心向前：拒绝；抗拒；

· 双手掌心向内：包容；考虑；

· 双手掌心相对：渴求建立联系，探触对方的思想。

鼓励父母观察这些无声信息，真正的目的在于积累经验，更迅捷地洞悉孩子的困难，促进沟通，更有效地帮助孩子。

（3）倾听孩子的梦

如前所述，胚胎期的孩子实际上只是母亲身体的一部分，完全地依赖母亲。早期幼儿的心理在很大程度上只是母亲心理的一部分，而且很快地也会成为父亲心理的一部分。儿童最初的心理状态是与父母心理的一种融合，个体的心理只是潜在的。

因此，直至学龄期，儿童的精神世界在很大程度上都取决于父母的精神世界。父母遇到的一切困难都会反映在儿童的心理世界中，有时还会产生病态的结果。在更多的情况下，幼童的梦常常与父母有关。

梦为何物？

现代梦科学认为，梦是睡觉时潜意识心理活动的产物。梦是一种自发的心理过程，来自于独立的无意识活动，它通过意象符号的象征意义来表达潜意识的心理活动。

因而，在这种状态下，梦在很大程度上摆脱了梦者的主动控制和理性控制。即使能够模模糊糊地意识到自己在做梦，也无法根据愿望、目的和理性完全地支配梦境，从而也就无法欺骗自己了，总是能够真实地呈现出梦者的心理真相。

鼓励孩子讲他们的梦，与孩子分享梦，父母可以从中了解许多，还可以协助他们解答或解决问题。

表面上看起来，梦似乎是偶然的、混乱的、繁杂的，实质上，梦有自己独特的语言和表达方式，梦境里的种种意象都有着清晰的秩序和密切的关联，既涉及意象之间的联系，又与清醒时的意识内容有关。

诚然，解梦是科学，是需要系统学习和长期练习的。父母不会释梦没有关系，善于倾听孩子的梦，这本身就是一种沟通。

案例1

曾经有一位父亲，由于离异，儿子的抚养权归前妻所有，他不能像以前那样每天见到孩子。有一次，父子相聚，8岁的儿子给他讲了一个梦："我梦见和爸爸在一个鬼屋里，有个女巫来抓我，我很害怕。可是爸爸待在旁边，什么都不做。"父亲听了很难受，问孩子："你遇到了困难，而我待在旁边什么都不做，你是什么感觉呢？"儿子低着头说："这不能怪你，因为这只是一个梦。"父亲这才意识到，对于儿子来说，家里发生的这件事是他无法逃避的，而且儿子觉得没有人帮助他。于是父亲说："那你希望我帮助你吗?"儿子抬起眼睛，点点头："嗯，是的。"

案例2

一个14岁的聪明女孩儿，被妈妈、老师和周围的一些亲戚评价为"叛逆过头""不能适应学校环境""漫不经心""上课的时候爱走神儿，不知道她在想什么"。

她的家庭很简单，也很典型。爸爸整日忙于工作，在家的时间很少。妈妈非常聪明，控制欲比较强，对孩子的要求比较高，总是试图让孩子去实现自己的理想和未尽的愿望。为了满足妈妈的期望和虚荣心，孩子似乎必须成功。

有一天，孩子做了个梦：

"我看到妈妈在一个水池子里往下滑，她好像喘不上气，不停地往下滑。我很想把她拉上来，可是我动不了。最后，妈妈淹死了。我特别害怕，感觉是我把妈妈给淹死了，就呜呜呜地哭起来。哭着哭着就醒了。"

如果您是梦中的"妈妈"，是否体会到一种窒息感？没错！这就是孩子最真实的感觉，也是她借助梦境想要释放和表达的感觉。

案例分析

现实生活中，这个女孩儿在家里什么都做不了，因为一切都必须听妈妈的。爸爸在她心里只是一个角色，更像一个影子，既摸不着，也靠不住。对于从小到大都要过这种被迫接受的生活，她烦透了。当她以叛逆的方式抗争时，发现周围没有人能理解自己；当她强迫自己继续听妈妈的话时，发现心里确实很抵触、很难受。到底该怎么办呢？这种内心的纠结就化作了可怕的梦境……

如果妈妈没有试图“扼杀”女儿的自我与个性，孩子的潜意识绝不会如此反应。幸好，在梦里释放任何的感觉都是安全的。因而，与其说女孩儿在梦里淹死了妈妈，不如说是她自己有一种快要被淹死的感觉，而面临此种险境，自己却毫无办法——“动不了”。

由此，父母倾听孩子的梦时，可以更多关注梦中那些“不舒服”的信息（您听了以后感觉不舒服，或是孩子在梦中感觉不舒服），并就这些信息展开交流。诸如：

A. 梦中“谁”感觉不舒服？（这个“谁”可能是人物形象，也可能是动物形象、植物形象，或是很奇怪的形象，但跟孩子交流的时候，把他们通通当作有生命的人去对待。）

B. 是一种怎样的“不舒服”？（是身体上的不舒服，还是心情上的不舒服？是哪样一种具体的不舒服？愤怒？委屈？害怕？内疚？难过？……）

C. “什么事情”让“谁”感觉不舒服了？（这个“事情”可能在梦中已经讲得很清楚，也可能需要引导孩子展开联想或回忆——这个过程仿佛父母跟孩子睁着眼睛编故事，目的是弄清楚故事的前因后果和来龙去脉。）

D. “怎样”可以让孩子感觉更舒服？（充分调动孩子的积极主动性，引导他们自己想办法解决梦中的问题或困难，即使离奇一些也没有关系。）

就梦而展开的所有询问和探讨，都不要进行是非好坏的评价！因为梦只是用来表达潜意识心理活动的方式之一，并不与现实生活直接对应。否则，孩子非但没有得到理解和帮助，以后很可能再也不给我们讲梦了。

三、赞美有讲究

教育界流行一句话，“孩子是夸出来的”。夸就是赞美，而赞美也是有讲究的。

焦点解决短期治疗（Solution-Focused Brief Therapy，后面简称为SFBT）在赞美方面做了细致的研究和优秀的示范。我们可以尝试着把这些宝贵的经验带入家庭。

1. 赞美是有原则的

赞美是一种真诚的态度，而非技巧，更非御人之术。

就父母而言，真正健康有效的赞美，是父母确实发现了孩子身上点点滴滴的优点和进步，发自内心地去赞美，有助于孩子解决自己的问题，或者向良好的方向去发展，并非为了“哄”孩子开心，“让”孩子听自己的话，而故意、甚至随意地找出一些优点去夸赞孩子。

（1）赞美要以现实为基础

父母实事求是地夸孩子，有针对性，但不虚无，也不浮夸。

先举一个反例。孩子画画得了奖，父母说："哇！你画画实在是太棒了！你是全世界画画最棒的人！"尽管在短时间内，孩子受到鼓舞，甚至有了自信，但他可能因此变得自以为是。时间久了，孩子就能够判断出来，父母是在敷衍自己，其实自己没那么棒，遭遇挫折时，甚至会觉得自己"画得很烂"。

再举一个正例。孩子平常不迟到、不早退、上课认真听讲，按时完成作业，最近的一次考试没有考好。父母说："虽然你这次没有考好，但是爸爸妈妈知道你努力了，因为你不迟到、不早退，上课认真听讲，作业也能按时完成。"孩子自知没有考好，心里难免紧张或内疚，在这种情况下不但没有被批评，反而听到赞美之词，这本身就是一种触动。同时，他听到父母肯定了自己的学习态度，就会自觉自愿地继续保持这种学习态度，而这显然是有利于学习的。

由此，孩子从父母的赞美中看到了自己的优势，不仅奠定了自信心，还能够形成正向的自我价值感。

（2）赞美有底线——符合道德、法律和心理健康标准

这一点很容易理解。我们总不能夸孩子："你在小卖部里偷东西，居然没有被发现，你好棒啊！""你怎么这么厉害！你一个人跟三个同学打架，你都打赢了。"

父母赞美孩子，是为了强化某些积极行为，使其能够继续为

之。因此，赞美必然有界线！

（3）赞美，非期待

很多时候，我们在赞赏别人的同时是不加区分的，连同“期待”一并送出。譬如：“你唱歌真好！将来一定能出名！”“你洗碗洗得真干净！以后家里的碗都归你洗吧。”“你英语这么好，不出国留学都可惜了。”……

在这些句式中，前半句是赞美，后半句是期待。期待所表达的意思是：“应该”“能够”“我希望你……”对此，不同的人会有不同的理解。有的人会把这样的期许当作被认可、被重视，有的人会觉得对方说这话是有目的的，并非真心夸自己，有的人则感到自卑和沮丧：“原来，我还不够好。”

所以，父母赞美孩子时，最好针对孩子“已经做到的”那些事情或行为，而无须对未来“尚未发生的”有所期待。让赞美变得简单些！

（4）赞美要及时

父母只要发现孩子的“优点”，就立即赞美，以促成它们的稳定和坚持。

许多时候，我们之所以自卑，之所以不知道夸对方什么，是因为我们自己把所谓“优点”的门槛立得太高了，以为只有轰轰烈烈、与道德相关、旁人都看得到，才叫优点。

其实，优点可以非常平实，非常细微。只要我们愿意把“优点”的门槛降低一些，就很容易发现自己和别人的诸多优势资源，比如：良好的身体素质，优秀的心理品质，自身的优势力量，周围人的情感支持，曾经解决问题的有效方法、成功经历和成功经验，目前已经取得的小小的进步，渴望改变自己的动机、承认自己不足的勇气、面对困难的勇气和决心……

所有这些真实存在的优势资源，仅靠当事人自己去发现是很困难的，特别是对于孩子来说。如果父母能够伴随着孩子的生命历程，不断地帮助他们去觉察，并指导他们合理运用这些资源，尤其是最近刚刚呈现出来的优点，谁都能够预见它的效果。

2. 先赞美优点，再处理问题

赞美与问题解决相关联。健康有效的赞美不是一味的赞美，而是与具体问题的解决相关联。

所谓“先赞美优点，再处理问题”，就是当孩子出现问题或遭遇困扰时，父母先赞美其优点，再处理问题。对此，您是否感到困惑？孩子明摆着是有问题，甚至是犯了错误，为什么还要赞美他？有什么可值得赞美的？赞美会不会助长他的坏毛病或者继续犯错误？

这个担心非常必要。因此，赞美要有针对性和指向性。父母是针对孩子某个具体问题，挖掘出他的具体优点来进行赞美。对于大多数父母而言，这件事无疑是个挑战，而且是个不小的挑战。可是，父母一旦做到了，不仅有利于尽快解决孩子的问题，还能借机培养孩子的自信心与自尊感，父母也从中获得成长，从而为家庭乃至整个家族注入一个崭新的解决之法。

该法的道理很简单——赞美能够使一个人看到自己的优势所在，而这些可贵的心理资源恰恰能够最先帮助自己去解决问题。

当孩子面对问题或困扰时，心中常常产生畏惧感或痛苦感。这个时候，若从父母那里清晰地知道了自己的优点、资源、曾经的成功，自信心和自尊感会即刻提升，畏惧感和痛苦感随之减弱，他就不会深陷于困境，不会感到害怕或烦躁不安，反而更愿意主动地去面对问题，也就更有能力、更有能量去想办法解决问题。不仅如此，孩子在遭遇困境时仍能得到父母的真诚赞美，他会比较愿意接受自己的这些优点、资源和成功经验，相信它们是真实存在的，由此，也更加信任父母，愿意讲更多的真心话。

因而，父母跟孩子谈话的顺序很重要。

前面举例，孩子平常不迟到、不早退、上课认真听讲，按时完成作业，最近的一次考试没有考好。我们鼓励父母说：“**虽然你这次没有考好，但是爸爸妈妈知道你努力了，因为你不迟到、不早退，上课认真听讲，作业也能按时完成。**”——这是“优先赞美”。

接下来，“处理问题”：父母针对本次试卷的具体作答情况，进行分析和辅导。譬如，跟孩子一起分析每一道做错的题目，到底是什么原因造成的，是粗心？偷懒？没有掌握某个知识点？记忆错误？笔误？理解题目有误？等等。然后，引导孩子自己想办法一一解决。

在“处理问题”的过程中，没有批评，没有讽刺，更没有打骂，只是分析和引导。整个谈话的氛围和关系都与简单批评、直接解决问题完全不同！甚至，父母可以针对孩子自己想出来的好办法再次进行肯定，通过赞美强化其解决问题的正能量。

3. 以重新建构的态度和视角，找到孩子的可贵之处

曾有积极心理学的研究者提出，一个孩子之所以能够犯一个错误，背后有十个优点在支撑他。假如您觉得这个观点很难接受，那么，一个优点呢？—— 一个错误、一个心理问题、一个现实困境的背后，是否至少可以挖掘出一个优点来？

现在，我们尝试一下：

退缩——思虑周详；不冲动；内省；机警……

冲动——精力旺盛；有行动力……

不成熟——天真；有成长的空间……

叛逆——独立；想要确立自我；敢于担当……

被同学嘲笑而出手打人——有自尊心；想要保护自己；

偷钱买好吃的，分给小伙伴——渴望友谊；重视同伴的接纳和认可；得不到友谊时没有退缩，在想办法解决；

学习成绩差，但从未提出退学——敢于面对学习压力；有较强的耐挫能力和心理承受能力；不自暴自弃；还在努力；

人际关系不好，班上的同学都不愿意跟他同桌——能够独立生存；有勇气面对不友善；有独特的地方；还愿意去学校……

有一点必须澄清：我们努力发现、识别和肯定这些优点，并

不代表我们认同了行为本身。这是两件事。

也正因为赞美行为背后的优点和认同行为本身是两件事，我们才需要用重新建构的态度和视角，通过深层的正向肯定，重新激发孩子原本就具有的心理资源，唤起愿意改变自己的动力，使他们能够运用自身的能量迎难而上，确立信心，在解决问题中深刻体验智慧与力量，最终塑造健康、完整的人格。

为了有效实施重新建构，SFBT鼓励使用以下句式：

“虽然（负面），但是（正面）”

“至少”；“起码”

“从（负面事件）看到你在乎/看重/在意……”

例如：

“虽然你偷钱是不对的，但渴望友谊是好的”（后面可以说，“只是用错了方法”）

“打架不能解决问题，但是，至少我看到了你的自尊心/起码你懂得保护自己。”

“从这件事可以看出，你很在意爸爸妈妈对你的看法。”

综上所述，孩子的“可贵之处”，可以不那么明显，也可以非常小。诸如：他们所在意的某种关系，优秀的人格特质，具体的能力，良好的动机，友善的愿望，某种努力和坚持，等等。只要父母发现了，就真诚地、及时地去夸赞，这种鼓舞可以促使孩子继续保有这些“可贵之处”，却更有能力用健康的方式去解决问题，从而获得心灵层面的成长。

4. “停止做错，就是开始做对的第一步”

这是非常值得推广的一个理念。

SFBT认为，关注当事人行为细节的改变，就是关注了“小小的进展”，而这有可能成为改变的大大契机。著名的SFBT专家许维素教授曾在《建构解决之道——焦点解决短期治疗》一书中点拨心理咨询师：

“请咨询师思考一个问题：如果一位学生今日打人，大人会找他来教训；十日后这位学生又打人了，大家也会找来辅导……”

“然而，值得思考的是：这十天，这位学生是停止打人的，这算不算是一种进步？”

“如果咨询师不视当事人没有打人为理所当然或不足为奇，而能对当事人这样的小进步大大加以赞美与强化，当事人又可能会有什么转变？当然，如果咨询师能深入探究这十日，了解当事人如何可以不打人的因素，或者曾想打人而能控制自己不动手的方式，这对当事人又会有何助益？”

事实上，父母比心理咨询师更有条件、有机会做到这件事。

每当孩子按照父母的要求有所改正或改变，那么，在他们做到的这一段时间内，父母就赞美他们的自我约束，赞美他们哪怕很小的一点点进步，探究其原因，以延长“停止做错”的时间，从而提高孩子的自律意识和自律能力。

5. “你是怎么做到的？”

针对当事人具体的优点，询问“你是怎么做到的？”是一种

“自我赞美”的技巧（De Jong & Berg，2007）。

为了真正实现赞美的效能，令其发挥更大的作用，促使孩子将这些夸赞“入脑”又“入心”，父母可以针对孩子的某个具体优点，询问孩子：“你是怎么做到的？”当孩子能够说出自己是怎么做到的时候，就会发自内心地收下父母的赞美，并且，回答的过程也再次增强了孩子的信心，强化了该优点背后的信念。在未来的日子里，当他们遇到相似的问题或困扰时，会比较容易想起父母曾经的赞美以及与父母之间曾经美好的对话，这对他们来说显然是有好处的。

譬如，孩子写作业总是很拖沓，可最近几天有了进步，能够比较快而正确地完成作业。父母发现并赞美这个进步，然后带着赞赏的口气问：“你是怎么做到的？”或者：“能在这么短的时间里提高写作业的速度，这是很困难的事情，你是怎么做到的？”（前两句的作用在于，鼓励孩子珍惜自己的努力和进步）孩子可能说：“提前把作业写完，感觉好轻松啊！”（请别介意，对于这个孩子来说，以前的拖沓是“按时”——按照他自己的时间，而如今加快速度则意味着“提前”）接下来，父母可以“乘胜追击”：“轻松的感觉很好吧？！”于是，孩子会很快乐，拖沓行为将逐渐远离他。

当然，有些孩子的自控能力比较弱，需要父母不止一次地赞美和追问“你是怎么做到的”，反复强化才能把某个积极行为稳定下来。

赞美是一件很神奇的事情，它能够增加人与人的合作性，促进沟通与和谐。

对此，焦点解决短期治疗研究出了一系列很好的互动练习。这里，我们介绍两个适于在家庭当中使用的，供您参考。

自我赞美小练习

家人围坐在一起，每人讲自己的一个优点，要向家人说明自己为何拥有这个优点，要解释成功的秘密，这个解释必须具有可操作性。

如果气氛良好，时间允许，还可以讲一讲：在这个优点上，有谁曾经帮助过自己，自己是否愿意感谢这位帮助者。

间接赞美小练习

该练习尤其适合儿童和青少年。

父母和孩子都在家里，但是父母背着孩子赞美其优点，仿佛他不在家一样。

温馨提示

父母不必刻意地大声说话，也不必担心孩子听不到你们的赞美。因为人是生活在系统之中的，家庭更是一个紧密的系统。无论对方是否在现场，他都可以感应到或者感受到家人的爱。

参考文献 REFERENCE

1.［奥］弗洛伊德著. 林尘，张唤民，陈伟奇译. 弗洛伊德后期著作选. 上海：上海译文出版社1986年版

2.［法］列维・布留尔著. 丁由译. 原始思维. 北京：商务印书馆1987年版

3.［瑞士］卡尔・古斯塔夫・荣格著. 成穷，王作虹译. 分析心理学的理论与实践. 北京：生活・读书・新知三联书店1991年版

4.［瑞士］卡尔・古斯塔夫・荣格著. 陈俊松，程心，胡文辉译. 人格的发展（荣格文集，第八卷）. 北京：国际文化出版公司2012年版

5.［美］罗杰斯等著. 李孟潮，李迎潮译. 当事人中心治疗——实践，运用和理论. 北京：中国人民大学出版社2004年版

6.［瑞士］皮亚杰等著. 吴福源译. 儿童心理学. 北京：商务印书馆1986年版

7.［美］卡尔文・S. 霍尔，沃农・J. 诺德拜著. 张月译. 荣格心理学纲要. 郑州：黄河文艺出版社1987年版

8.［英］朱莉娅・贝里曼，戴维・哈格里夫，马丁・赫伯特，安・泰勒著. 陈萍，王茜译. 发展心理学与你. 北京：北京大学出版社2001年版

9.［美］丽塔・萨默斯-弗拉纳根，约翰・萨默斯-弗拉纳根著. 陈祉妍等译. 心理咨询面谈技术. 北京：中国轻工业出版社2001年版

10.［美］维吉尼亚・萨提亚，米凯莱・鲍德温著. 章晓云，聂晶译. 萨提亚治疗实录. 北京：世界图书出版公司2006年版

11.［美］维吉尼亚・萨提亚著. 易春丽，叶冬梅等译. 新家庭如何塑造人. 北京：世界图书出版公司2007年版

12.［美］莎伦・布雷姆等著. 郭辉，肖斌，刘煜译. 亲密关系. 北京：

人民邮电出版社2006年版
13. [美] 伯格著. 陈会昌等译. 人格心理学（第七版）. 北京：中国轻工业出版社2000年版
14. [美] 帕特森著. 方晓义等译. 家庭治疗技术. 北京：中国轻工业出版社2004年版
15. [德] 伯特·海灵格，根达·韦伯，[美] 亨特·博蒙特著. 张虹桥译. 谁在我家——海灵格家庭系统排列. 北京：世界图书出版公司2004年版
16. [美] 克莱尔著. 贾晓明，苏晓波译. 现代精神分析"圣经"——客体关系与自体心理学. 北京：中国轻工业出版社2002年版
17. [英] 苏珊·布查尔特著. 孟沛欣，韩斌译. 郑日昌审订. 艺术治疗实践方案. 北京：世界图书出版公司2006年版
18. [英] 简·奥格登著. 严建雯，陈传锋，金一波等译. 黄希庭审校. 健康心理学（第3版）. 北京：人民邮电出版社2007年版
19. [美] 兰迪·J. 拉森，戴维·M. 巴斯著. 郭永玉译. 人格心理学——人性的知识领域（第二版）. 北京:人民邮电出版社2007年版
20. [美] 威伦斯著. 汤宜朗，王刚译. 直言相告：儿童精神健康与调节. 北京：中国轻工业出版社2000年版
21. 许维素. 建构解决之道——焦点解决短期治疗. 宁波：宁波出版社2013年版
22. 樊富珉等. 大学生心理健康与发展. 北京：清华大学出版社2003年版
23. 朱建军. 意象对话心理治疗. 北京：北京大学医学出版社2006年版
24. 朱建军. 你有几个灵魂：心理咨询与人格意象分解. 北京：中国

城市出版社2003年版

25. 朱建军著. 苑媛译. *The Psychotherapy From The Orient: Imagery Communication Psychotherapy*（《来自东方的心理疗法——意象对话心理治疗》中英文对照）. 合肥：安徽人民出版社2008年版
26. 苑媛. 乌云遮月心朗朗. 合肥：安徽人民出版社2006年版
27. 苑媛. 意象对话临床操作指南. 北京：北京师范大学出版社2012年版
28. 苑媛，曹昱，朱建军著. 意象对话临床技术汇总. 北京：北京师范大学出版社2013年版

EPILOGUE 结语

释迦牟尼说过，生命中遇见的每一个人都有必然的意义，没有偶然的相遇。如此说来，我就是常遇贵人的幸福之人。

父亲苑红涛和母亲李新华都是爽朗、乐观、幽默、细腻、坚韧、勇于付出的人。他们携手人生的艰辛、浪漫，不离不弃，让我们懂得了爱情的真谛；他们用灵巧的双手和睿智的心灵为我们的童年浇铸了太多的美好与温馨……在这个幸福的港湾里，哥哥苑庆、妹妹苑琳和我感受到太多的温暖！我们兄妹三人也学会了如何传递温暖！值此叩谢双亲的养育之恩与教导之情！

恩师朱建军教授虽然并未直接参与本书的写作，但是，他是引领我进入心理咨询领域的最重要的人！他博大精深的专业造诣与毫无保留的悉心传授，让我始终自信、勇敢地坚持着、努力着。

合作者张志强老师现任北京大学附属实验学校的校长助理。他长年从事中小学一线教师的再教育工作，不仅拥有丰富的学校教育和家庭教育经验，还对佛学和心理学颇有研究。他的真诚与投入让合作过程变得深刻和幸福！

山东省东营市河口一中的马永祥校长功不可没！如果没有这位优秀校长的热诚提议与积极鼓励，恐怕就没有这本书的策划和完成了。他的谦逊、慎思与包容让我和张老师备感温暖。

好友曹昱女士不久前赴澳门攻读心理学博士，她为意象对话心理学的发展孜孜不倦地付出着。这一次，她爽快地同意将尚未公开发表的“献祭者原型”的部分文稿为我所用，并愿意分享更多的科研成果，这种无条件的支持着实令人感动！

北京师范大学出版社的何琳老师是我认识的最认真负责、最体恤作者的心理学编辑！她的灵感闪动和审阅严谨为本书平添了细腻而大气的品质。

最后，特别拜谢所有在内心层面勇敢面对亲子问题的好父母！正因为有了你们，心理咨询师才有机会帮助更多的家庭和孩子，有机会不断梳理和总结成为温暖父母的经验。正因为有了你们，我们才有信心、有勇气，在笔墨间、在讲台上、在咨询室里，与更多的人们去分享……

愿天下父母带给孩子一生一世的温暖！愿孩子将温暖传递一生一世！

苑　媛

图书在版编目(CIP)数据

做温暖的父母——理解孩子的心理语言／苑媛，张志强著.
—北京：北京师范大学出版社，2014.7（2024.5重印）
ISBN 978-7-303-12718-4

Ⅰ.①做… Ⅱ.①苑…②张… Ⅲ.①心理学研究-家庭教育 Ⅳ.①B84

中国版本图书馆CIP数据核字（2014）第032804号

教材意见反馈 gaozhifk@bnupg.com 010-58805079
营销中心电话 010-58807651
北师大出版社高等教育分社微信公众号 新外大街拾玖号

Zuo Wennuan De Fumu: Lijie Haizi De Xinli Yuyan

出版发行：北京师范大学出版社 www.bnup.com.cn
北京市西城区新街口外大街12-3号
邮政编码：100088
印　　刷：北京虎彩文化传播有限公司
经　　销：全国新华书店
开　　本：730mm×980mm 1/16
印　　张：12
字　　数：123千字
版　　次：2014年7月第1版
印　　次：2024年5月第4次印刷
定　　价：35.00元

策划编辑：何　琳　　责任编辑：何　琳
美术编辑：王齐云　　装帧设计：国美嘉誉
责任校对：陈　民　　责任印制：马　洁